顾问机构®
Stand Consulting

7S

7S管理规范手册系列

石油化工企业
管理规范手册

深圳市立正管理咨询有限公司　编著

中国电力出版社
CHINA ELECTRIC POWER PRESS

内 容 提 要

7S 管理是一套科学、完整、进步的管理理念，是企业夯实管理基础、提升管理水平的重要抓手。

本书为《石油化工企业 7S 管理规范手册》，按照通用性、可操作性的原则，详细介绍了石油化工企业环境、消防等 7S 管理通用规范，常用警示、工器具摆放、看板管理等 7S 管理专项规范，设备、管道、配电间、电子间等生产现场 7S 管理规范，行政办公区域 7S 管理规范，化验室 7S 管理规范，仓库区域 7S 管理规范，并整合汇总了石油化工企业 7S 管理实施办法及 7S 管理评分标准。书中针对各项规范，分别阐述了其应用对象及规范要求，并配有大量示范图解和实际案例。

本书借鉴了石油化工企业 7S 管理的优秀经验和做法，可作为石油化工企业各级管理者及员工加强 7S 知识学习、执行 7S 标准、抓好现场 7S 管理工作的参考用书。

图书在版编目（CIP）数据

石油化工企业 7S 管理规范手册 / 深圳市立正管理咨询有限公司编著．—北京：中国电力出版社，2022.6

（7S 管理规范手册系列）

ISBN 978-7-5198-5531-4

Ⅰ．①石…　Ⅱ．①深…　Ⅲ．①石油化工企业－工业企业管理－管理规范－中国－手册　Ⅳ．① F426.72-62

中国版本图书馆 CIP 数据核字（2021）第 062642 号

出版发行：中国电力出版社

地　　址：北京市东城区北京站西街 19 号（邮政编码 100005）

网　　址：http://www.cepp.sgcc.com.cn

责任编辑：刘汝青（010-63412382）　董艳荣

责任校对：黄　蓓　郝军燕

装帧设计：张俊霞

责任印制：吴　迪

印　　刷：北京瑞禾彩色印刷有限公司

版　　次：2022 年 6 月第一版

印　　次：2022 年 6 月北京第一次印刷

开　　本：710 毫米 ×1000 毫米　16 开本

印　　张：16.5

字　　数：231 千字

印　　数：0001—1500 册

定　　价：108.00 元

《石油化工企业 7S 管理规范手册》
编委会

主　编

陈晓刚

副主编

杨仁芳

编写人员

聂云楚　余弟录　丁展鹏　杨爱民　韦彦华

苏弟英　雷晓刚　张哨生　胡　英　王　林

欧俊杰　冯俊涛　阳翠玲　覃贵许

制造业一直是我国经济发展的强劲动力。经过近十年的快速发展，在总量和规模方面，我国制造业已位居世界第一。2015 年国家提出了"中国制造 2025"战略目标，作为现代工业的基础，国内石油化工企业正在积极转型升级，与高质量发展的要求相比，在实现石化强国的路上，还将面临不少挑战，石油化工企业迫切需要一种有效手段来强化基础管理，提升企业的竞争能力、抗风险能力和可持续发展能力。

石油化工企业生产系统具有易燃易爆、毒害性、腐蚀性和放射性等特点，对安全生产、成本控制等管理有非常高的要求。引入 7S 管理正是一个契机，它通过改变环境来改变行为，进而改变习惯，这种理念将成为改变不良作业行为和工作习惯的有力抓手，从而提升石油化工企业的设备管理与安全管理。

本书是深圳市立正管理咨询有限公司在以往辅导石油化工企业推行 7S 管理的经验基础上，参考借鉴优秀的经验和案例编写而成的。按照通用性、可操作性的原则，本书详细介绍了石油化工企业环境、消防等 7S 管理通用规范，常用警示、工器具摆放、看板管理等 7S 管理专项规范，设备、管道、配电间、电子间等生产现场 7S 管理规范，行政办公区域 7S 管理规范，化验室 7S 管理规范，仓库区域 7S 管理规范，并整合汇总了石油化工企业 7S 管理实施办法及 7S 管理评分标准。书中针对各项规范，分别阐述了其应用对象及规范要求，并配有大量示范图解和实际案例。其中规范要求的标准类型分为强制和建议两种，强制标准是国家标准和行业标准中有明确要求的，建议标准可根据企业的实际情况进行调整。

希望本书中好的做法能激发石油化工企业员工的 7S 思维模式，在此基础上促进发挥员工的创造力，通过 7S 管理和持续改善，将 7S 管理理念融入企业经营的各个环节中，更好地保障企业安全生产、改善现场环境、提高工作效率、提升员工素养，并对助力企业强基固本、提升企业经济效益、树立企业良好形象起到推动作用。

限于作者水平，书中难免存在疏漏和不足之处，恳请各位读者谅解并提出宝贵的建议。

编　者

2022 年 3 月

目录

CONTENTS

6 仓库区域 7S 管理规范

1
PART

7S 管理通用规范

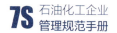

1.1　7S 色彩规范

1.1.1　安全色

安全色定义为传递安全信息含义的颜色，包括红色、黄色、蓝色、绿色四种颜色。

颜色	图示	颜色表征
红色		传递禁止、停止、危险或提示消防设备、设施的信息
黄色		传递注意、警示的信息
蓝色		传递必须遵守规定的指令性信息
绿色		传递安全的提示性信息

1.1.2　对比色

对比色定义为使安全色更加醒目的反衬色，包括黑色、白色两种颜色。

颜色	图示	颜色表征
黑色		用于安全标志的文字、图形符号和警示标志的几何边框
白色		用于安全标志中红色、蓝色、绿色的背景色，也可用于安全标志的文字和图形符号

安全色与对比色同时使用时，应符合搭配使用要求。

安全色		对比色	
红色		白色	
黄色		黑色	
蓝色		白色	
绿色		白色	

为了视觉表达强烈，通常也采用安全色与对比色的相间条纹。相间条纹为等宽条纹，倾斜 45°，可以色带、色条等形式出现。

（1）	图示	
	类型	红色与白色相间条纹
	定义	表示禁止的安全标志
（2）	图示	
	类型	黄色与黑色相间条纹
	定义	表示危险位置的安全标记
（3）	图示	
	类型	蓝色与白色相间条纹
	定义	表示指令的安全标记，传递必须遵守规定的信息
（4）	图示	
	类型	绿色与白色相间条纹
	定义	表示安全环境的安全标记

1.1.3　7S 色彩应用

7S 管理活动中，一般会用到红色、黄色、绿色、白色这四种颜色。每种颜色在满足安全色的应用规范要求的前提下，在不同应用场景选择不同的色彩。

颜色	实例	应用场景
红色		应用于各种禁止标志、转动部位防护罩、交通禁令标志、消防设施标志、高温 / 高压区域画线、机械的停止、急停按钮标志、报废区域等
黄色		应用于各种警示标志、通道边线、防踏空画线、区域画线等
绿色		应用于各种提示标志、厂房的安全通道、机械启动按钮等
白色		应用于厂区道路画线

1.2 区域画线规范

1.2.1 画线应用

序号	名称	图例	线宽	应用
1	黄色实线		100mm	（1）主通道线边线 （2）生产区域设备定置
			50mm	（1）区域划分线 （2）实验室/仓库物品定置
			10mm	台面、货架物品定位
2	红色实线		50mm/100mm	报废区、危险区、高温区、禁止进入区域
3	斜黄黑相间颜色线		50mm/100mm 等间距45°斜度	警示区域，如地面突起物、易碰撞处、设备机座的围堰、盖板的需要警示的区域
4	黄黑相间颜色线		50mm~100mm 等间距90°	警示区域，如路肩石、转角处、工字钢/圆柱等需要警示的区域
5	白色线		150mm	车道线
			120mm	车位线

1.2.2　区域线

应用对象

设备、柜类设备的安全区域线。

规范要求

标准类型：强制标准。

材　　料：黄色路标漆或地胶带（地面状况比较平整、光滑的情况下）。

规　　格：线宽为 100mm。

要　　求：距离设备或柜类四周边缘 800mm。

示范图解

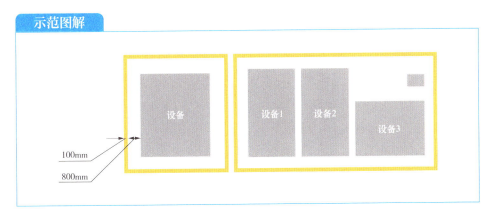

实际案例

1.2.3　通道线

应用对象

生产现场、仓库、辅助生产区域等。

规范要求

标准类型：强制标准。

材　　料：黄色油漆或地胶带（地面状况比较平整、光滑的情况下）。

规　　格：

（1）主通道：线宽为 100mm；次通道：线宽为 50mm。

（2）通道靠近墙侧时，距离墙面 120mm~200mm 为宜。

示范图解

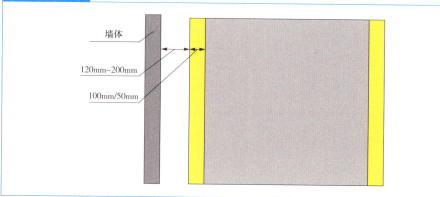

实际案例

1.2.4 地面通道颜色

应用对象

生产现场内区分主要通道、参观通道、巡检通道。

规范要求

标准类型： 建议标准。

材　　料： 地坪漆。

规　　格：

（1）主通道：宽 1500mm~2000mm。

（2）参观通道：宽 1500mm~2000mm。

（3）巡检通道：宽 800mm~1200mm。

要　　求： 主通道一般为地面本色，参观通道一般为绿色，巡检通道一般为蓝色，可以根据实际情况定义，确保企业内部统一即可。

实际案例

1.2.5 室内通行线标示

应用对象

生产车间、仓库、辅助生产区域等，室内人、车、物通行区域。

规范要求

标准类型： 强制标准。

材　　料： 黄色路面油漆、定位胶带。

规　　格： 主通道线、区域划分线宽度为 100mm ；面积小、通道窄等特殊区域线宽可为 50mm。

要　　求： 靠墙的地方距离墙面 120mm~200mm 的位置按直线画线，墙面若有凸出的墙柱，线也相应地离墙柱 120mm~200mm 处画线。

示范图解

实际案例

1.2.6 地面导向标示

应用对象

流量大、有分岔路口的通道。

规范要求

标准类型： 建议标准。

材　　料： 耐磨广告地贴、油漆。

规　　格： 参考图解，结合实际情况确定。

内　　容： 疏散箭头、去向区域名称。

示范图解

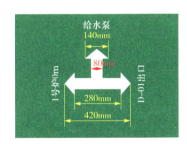

路口处地面导向标志

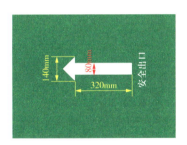

直线通道安全疏散标志

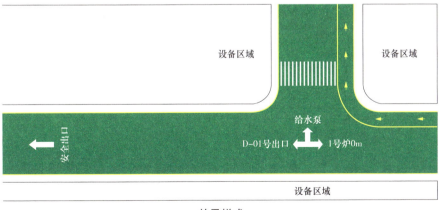

效果样式

1.3 定置定位规范

1.3.1 移动物品定置

应用对象

手推车、开关小车、叉车等带轮子移动频率高的搬运工具或设备。

规范要求

标准类型： 强制标准。

材　　料： 黄色油漆或地胶带（地面状况比较平整、光滑的情况下）。

规　　格： 线宽 50mm。

要　　求：

（1）采用实线框定位，物品出口的边线中间开口，标注箭头，用以明示移动式物品使用时出口处。

（2）箭头顶点与线框外延平齐，箭头前端为边长 100mm 等边三角形。

示范图解

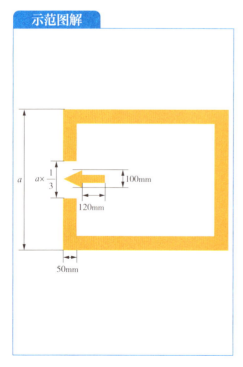

实际案例

1.3.2 非移动物品定置

应用对象

不能移动或不经常移动的电器、设备、物品等（不含消防设施）。

规范要求

标准类型： 强制标准。

材　　料： 黄色油漆或地胶带。

规　　格： 线宽 50mm，直角边长 150mm。

要　　求：

（1）视实际情况可以采用实线框或四角定位线等形式对物品进行定位。

（2）设备或物品四周边缘距离定位线 50mm。

示范图解

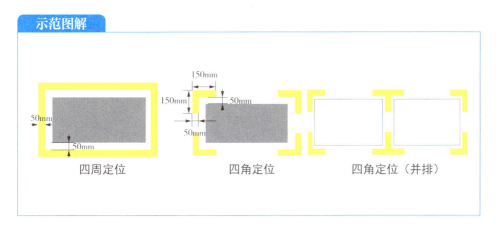

四周定位　　　　　　四角定位　　　　　　四角定位（并排）

实际案例

1.3.3 桌面隐形定位

应用对象

桌面放置的笔筒、电话、水杯等小物品。

规范要求

标准类型：建议标准。

材　　料：耐磨防水 PVC、背胶。

规　　格：直径为 30mm 圆形定位贴。

要　　求：浅色桌面可用蓝色底白色图案或透明底黑色图案；深色桌面可用透明底白色图案。粘贴在需定位物品正下方。

示范图解

茶杯　　电话机　　台历　　笔筒　　鼠标

实际案例

1.3.4 桌面四角定位

应用对象

桌面上打印机、裁纸机等大型物品定位。

规范要求

标准类型：强制标准。

材　　料：耐磨防水 PVC、背胶。

规　　格：线宽为 10mm，直角边长为 30mm。

要　　求：可根据需求定义颜色，同区域内颜色统一即可，四角定位贴内边缘距离物品 2mm。

示范图解

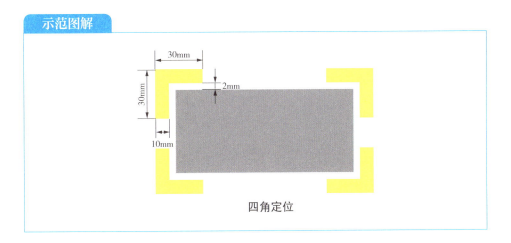

四角定位

实际案例

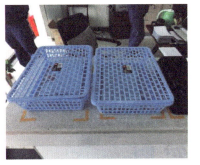

1.4 电器设施通用规范

1.4.1 电源控制箱标识

应用对象

配电箱。

规范要求

标准类型： 强制标准。

材　　料： 广告贴纸、标签打印机色带。

规　　格： 12mm 或 24mm 标签打印机色带，尺寸根据配电箱面积合理选择。

内　　容： 配电箱名称标识使用红色广告贴纸，配电箱正面有"当心触电"警示标志，电源开关使用 12mm 黄色标签打印机色带标明控制对象。

实际案例

1.4.2 配电柜操作面板标示

应用对象

配电柜操作面板。

规范要求

标准类型： 建议标准。

材　　料： 广告贴纸、标签打印机色带。

规　　格： 12mm 或 24mm 标签打印机色带，尺寸根据设备面积合理选择。

内　　容： 根据开关按键的操作功能，标注名称。显示区为蓝色定位线，操作区为黄色定位线；外部标识在功能键的正下方，内部标识在空气开关的右下方。

实际案例

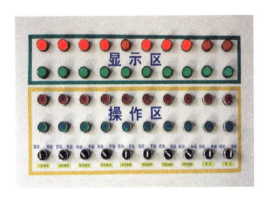

1.4.3 长排开关标示

应用对象

漏电保护、空气开关。

规范要求

标准类型：建议标准。

材　　料：标签打印机色带、广告贴纸。

规　　格：色带宽度为12mm，根据开关距离调整列宽。

内　　容：每个开关所控制对象，用不干胶打印纸打印，粘于开关下面标识粘贴处。

示范图解

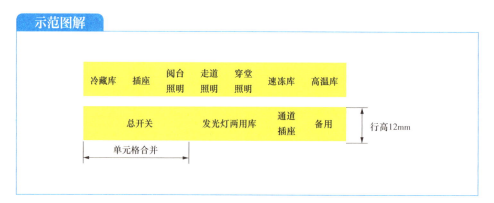

实际案例

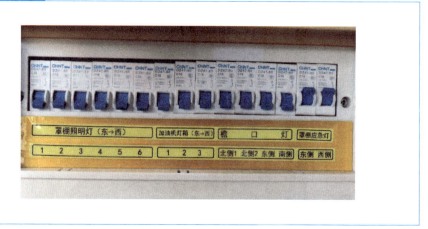

1.4.4 设备运行状态牌

常停启的设备。

标准类型： 建议标准。

材　　料： 运行牌盘，盘底部材料为软磁贴。

规　　格： 直径为 50mm，根据实际情况调整。

内　　容： 设备名称、编号、状态、负责人；贴于设备表面，面向通道。

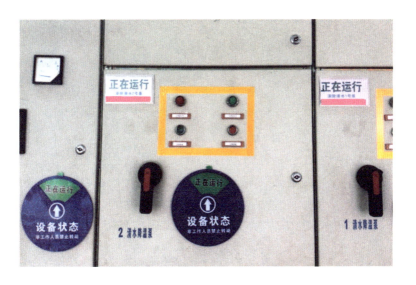

1.4.5　电源指示灯、开关按钮标示

应用对象

电源指示灯、开关按钮。

规范要求

标准类型：强制标准。

材　　料：绝缘按钮、广告贴纸。

规　　格：参考直径为 10mm，可根据按钮尺寸调整。

内　　容：启动、开动按钮为绿色，停止、关闭按钮为大红色，普通按钮为黄色，指示灯、手动为蓝色。

示范图解

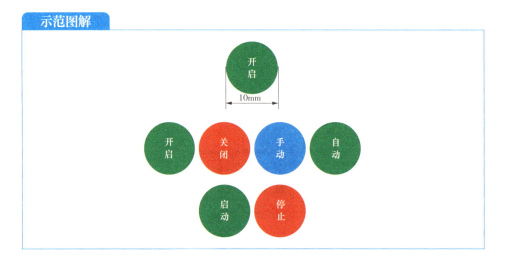

实际案例

1.4.6　接地装置

应用对象

明敷接地扁铁、接地线。

规范要求

标准类型： 强制标准。

材　　料： 黄色、绿色表面油漆。

规　　格： 线宽为 15mm~100mm。

内　　容： 刷漆时黄绿线相间宽度要相等；在扁铁表面设置蓝色静电接
地铭牌标志；断接卡位置禁止刷漆，检测点 200mm 范围内禁止刷漆。

示范图解

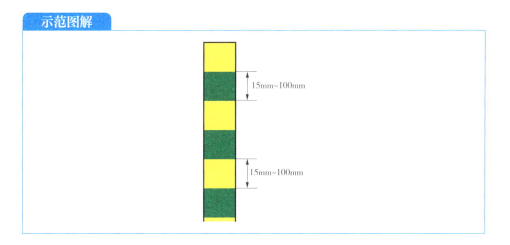

实际案例

1.4.7　静电接地端标示

应用对象

静电接地端。

规范要求

标准类型：强制标准。

材　　料：不锈钢或 PVC 板。

规　　格：参考接地端标识牌制作参数。

要　　求：图文蚀刻，不锈钢原色，黑色图文，字体为黑体；室内用带背胶粘贴于墙面，室外用拉铆固定。

接地端标识牌制作参数　　　　　单位：mm

规格	a	b
1	200	20
2	100	10

示范图解

1.4.8　电线、气管整理

应用对象

电线、气管。

规范要求

标准类型： 建议标准。

材　　料： 魔术贴、塑料扎带、固定扣、线槽、束线管。

规　　格： 扎带长度为 100mm~150mm，束线管选择规格为 $\phi12$~$\phi18$、$\phi18$~$\phi22$。

内　　容： 用束线管整理电源线、气管捆扎，电源线用线槽走线；布线整齐，直角、平行，电缆穿线管内用硬质材料固定，布线成直角。

实际案例

1.5 消防设施通用规范

1.5.1 消防安全整体要求

应用对象

行政办公区、生产现场等。

规范要求

标准类型：强制标准。

要　　求：

（1）各区域应按照国家消防安全配置标准配置相应的消防设置。

（2）每个责任区内需设置消防器材平面布置图，建筑物每个楼层内需设置紧急情况逃生路线图；建筑物外部空旷位置设置紧急集合点，要求不能阻塞消防通道，3min 内可到达。

（3）消防栓、灭火器定置用红色定位线，定位区域为消防栓墙面凸出部分，两侧各延伸 50mm；消防栓开关位置都要填充 45° 实线；灭火器材靠墙摆放，用宽为 50mm 的红色线四周定位，靠墙位置不需要画线，线与器材间隔 20mm。隐藏式的消防器材应用显眼易见的标识。

（4）消防栓要求干净、整洁，完好无破损，无不必要张贴物；箱内水枪、水龙带配置齐全；箱门上贴有火警电话；箱内若有火警按钮的，应正常可用；箱面上应有编号。

（5）灭火器要求干净、整洁，完好无破损，无不必要张贴物；标示牌垂直悬挂，标明灭火器材的种类和配置地点的编号；灭火器箱内存放压力达标的足够数量的灭火器，灭火器有定期检查记录。

（6）疏散指示照明及标识完好。

（7）门口、通道的墙面上须有紧急出口指示，箭头必须指向最近的安全出口。

1.5.2　安全集合点标识

应用对象

公司安全集合点。

规范要求

标准类型： 强制标准。

材　　料： 钢板烤漆 +3M 工程级反光材料贴膜。

规　　格： 700mm（长）×1000mm（宽），整体离地高度 2000mm，可根据实际需要调整，铝板四周折边，双面相同图案，画面张贴反光材料贴膜，圆管直径约为 60mm。

内　　容： 集合点图标，标识立于安全、宽阔的区域。

示范图解

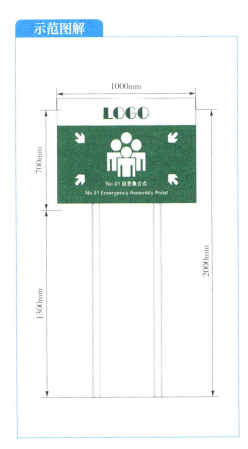

实际案例

1.5.3 安全应急疏散图

应用对象

办公楼层、生产区域。

规范要求

标准类型： 强制标准。

材　　料： PVC+写真喷绘，亚克力 UV、钢板烤漆丝印。

规　　格： 室内尺寸为 1200mm（长）×900mm（宽），室外或大区域尺寸为 2400mm（长）×1200mm（宽），可根据实际需要调整。

内　　容： 包含区域布局图（包含各区域、门牌编号和名称）、通道、消防器材分布、所在位置、紧急逃生出口、疏散路线、方向标示、火警电话；安装于区域入口、生产区域通道转弯处、交叉路口、主要出入口等醒目位置。

实际案例

1.5.4 消防器材定置

应用对象

消防器材。

规范要求

标准类型：强制标准。

材　　料：定置架、背胶室内写真、标签打印机色带。

规　　格：参考案例，标签用 24mm 黄底黑色色带。

内　　容：包括枪头、水带、火灾逃生面具、消防警铃、消防器材检查卡等；制作定置架、挂钩等，方便拿取。

实际案例

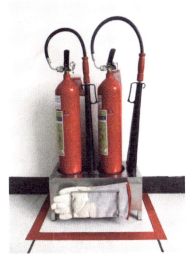

1.5.5　消防器材箱标识

应用对象

消防器材箱。

规范要求

标准类型：强制标准。

材　　料：背胶室内写真、透明不干胶车身贴、白色油漆。

规　　格：参考案例，具体根据消防器材箱尺寸统一调整。

内　　容：透明玻璃门贴防撞条；"消防器材箱"字样用白色油漆喷字；标明门开关方向；箱内物品有定位线、隐形定位贴；消防锹定点悬挂，编号管理。

实际案例

1.5.6　消防沙箱标识

应用对象

消防沙箱。

规范要求

标准类型：强制标准。

材　　料：背胶室内写真、透明不干胶车身贴、白 / 红油漆。

规　　格：参考案例，具体参考消防沙箱尺寸调整。

内　　容：沙箱内放置规定数量的消防锹和消防沙桶；消防沙桶装满消防沙备用；"消防沙池"字样用白 / 红色油漆喷字；在消防沙箱内用红色油漆标识最低容量警戒线。

实际案例

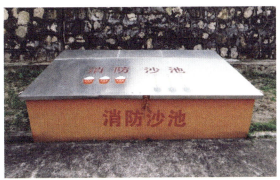

1.5.7 消防栓定位

应用对象

消防栓。

规范要求

标准类型：强制标准。

材　　料：红色地胶带、红色路面漆。

规　　格：定位区域为消防栓墙面凸出部分；禁止阻塞线采用由左下向右上侧呈 45° 的红色线，宽度为 50mm，间距为 50mm，具体参见图 1，包括投影位置都要填充 45° 实线；没堵塞隐患的消防栓不用画禁止阻塞线，参考图 2 画法，如通道墙体、楼梯平台上的消防栓等。

示范图解

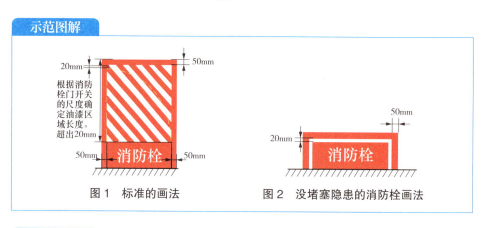

图 1　标准的画法　　　　图 2　没堵塞隐患的消防栓画法

实际案例

1.5.8 消防栓标识

应用对象

消防栓。

规范要求

标准类型：强制标准。

材　　料：透明不干胶车身贴。

规　　格：参考样式，具体参考消防栓尺寸。

内　　容：消防栓名称、使用方法、火警电话、注意事项等。

示范图解

实际案例

1.5.9　灭火器定位

应用对象

灭火器。

规范要求

标准类型：强制标准。

材　　料：红色地胶带、红色路面漆。

规　　格：用50mm的黄色线四周定位，靠墙位置不需要画线，线与器材间隔20mm。有被堵塞隐患的灭火器，要增加禁止阻塞线，具体参考1.5.7相关内容。

示范图解

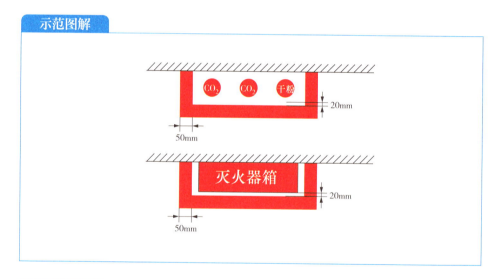

实际案例

1.5.10　灭火器标识

应用对象

灭火器。

规范要求

标准类型：强制标准。

材　　料：车身贴、亚克力、反光膜 + 铝板。

规　　格：350mm（长）× 200mm（宽）。

内　　容：包括灭火器名称、编号、使用方法、火警电话、注意事项等；灭火器箱应保持完好，无破损，开关顺畅，箱体标识及文字清晰可见；需区分干粉灭火器和二氧化碳灭火器；标示贴于灭火器后墙面正上方，离地面 700mm（可根据现场情况调整）。

示范图解

实际案例

1.5.11 消防点检卡

应用对象

全公司生产区域所有灭火器。

规范要求

标准类型：强制标准。

材　　料：卡片纸。

规　　格：100mm（长）×140mm（宽），可根据实际情况调整。

内　　容：包括灭火器名称、灭火器规格、定置地点、所属部门、灭火器编号、灭火器用途、配置时间、有效期、检查日期等。将卡片插入卡套中挂放在相应消防设施的旁边，设施负责人需在每月定期点检消防设施，并签字确认。

示范图解

实际案例

1.5.12　火灾报警系统图

应用对象

火灾报警系统。

规范要求

标准类型：建议标准。

材　　料：300g 铜版纸。

规　　格：297mm（长）×210mm（宽）。

内　　容：包括器材名称、型号、设备编号、生产厂家、灭火器用途、负责人、出厂时间、有效期、检查日期、检查作业指导书等；将卡片插入卡套中挂放在相应消防设施的旁边，设施负责人需在每月点检消防设施，并签字确认。

实际案例

1.5.13　可燃气体探测系统图

应用对象

可燃气体探测系统。

规范要求

标准类型： 建议标准。

材　　料： 300g 铜版纸。

规　　格： 297mm（长）×210mm（宽）。

内　　容： 操作作业指导书、检查表、可燃气体探头分布图等，设施负责人需在每月点检，并签字确认。

实际案例

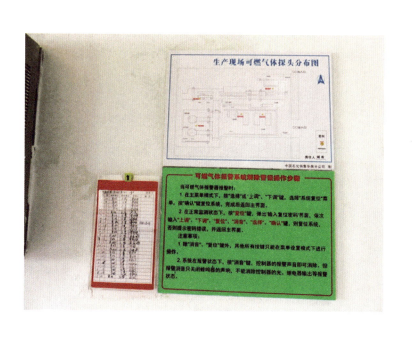

1.5.14　消防灭火作战示意图

应用对象

重点安全防范区域。

规范要求

标准类型：建议标准。

材　　料：沙盘模型。

规　　格：根据实际情况确定。

内　　容：沙盘、应急方案、应急处置、培训教材等。

实际案例

1.5.15　应急灯测试开关标示

应用对象

应急灯。

规范要求

标准类型：建议标准。

材　　料：标签打印机色带、广告贴纸。

规　　格：24mm 色带。

内　　容：安装应急灯测试开关，并标示。

实际案例

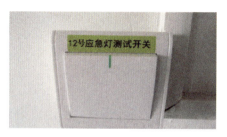

1.5.16　逃生路线

应用对象

逃生通道。

规范要求

标准类型：建议标准。

材　　料：绿色、白色油漆。

规　　格：线宽 15mm，绿色箭头，白色字体。

内　　容：逃生方向、逃生字样。

实际案例

1.5.17　安全培训角

应用对象

安全培训区域。

规范要求

标准类型：建议标准。

材　　料：亚克力、PVC 板等。

规　　格：区域线宽 100mm，培训看板参考尺寸为 1200mm（长）×900mm（宽）、2400mm（长）×1200mm（宽）。

内　　容：培训器材、工具，培训要点、作业指导书等。

实际案例

2
PART

7S 管理专项规范

2.1 常用警示规范

2.1.1 警示标志

应用对象

有放射性或飞散物质的场所、有高空坠落或陷阱的场所、有机械伤害危险的部位、有潜在危险的部位。

规范要求

标准类型：强制标准。

材　　料：铝合金烤漆、铝合金覆 3M 工程级反光膜。

规　　格：参考示范图解。

内　　容：单面印刷、白色图案、黄色衬底，悬挂或张贴在显眼的地方。

示范图解

警告标志牌的参数（角度 $\beta = 45°$）　单位：mm

参数 规格	观察距离（L）	a	b	b_1 （a_1）	a_2	c
A	$L \leqslant 2500$	150	120	92	35	$0.06a_1$
B	$2500 < L \leqslant 4000$	230	190	140	53	$0.06a_1$
C	$4000 < L \leqslant 6300$	360	290	220	83	$0.06a_1$
D	$6300 < L \leqslant 10000$	580	470	354	133	$0.06a_1$
E	$10000 < L \leqslant 16000$	920	740	561	212	$0.06a_1$
F	$16000 < L \leqslant 25000$	1450	1160	885	334	$0.06a_1$
G	$25000 < L$	2300	1840	1403	529	$0.06a_1$

注　局部信息标志牌宜用 A、B 或 C 规格；车间宜用 D 或 E 规格；
　　车间入口处、厂区内和工地内宜用 E 规格；工地、工厂等的
　　入口宜用 F 或 G 规格。
　　边框外角半径 $r=0.056\,a_2$。

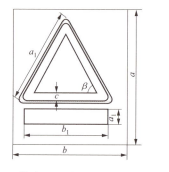

警告标志牌的制图标准

实际案例

2.1.2　禁止标志

应用对象

存在危险隐患，绝对禁止某种行为的地方。

规范要求

标准类型：强制标准。

材　　料：铝合金烤漆、铝合金覆 3M 工程级反光膜。

规　　格：参考示范图解。

内　　容：单面印刷，外圈和斜杠为红色，悬挂或张贴在显眼的地方。

示范图解

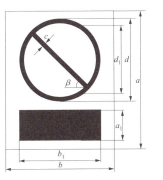

禁止标志牌的参数（角度 $\beta = 45°$）　　　单位：mm

规格\参数	观察距离（L）	a	b	a_1	$d(b_1)$	d_1	c
A	$L \leq 2500$	120	100	28	73	$0.8d$	$0.08d$
B	$2500 < L \leq 4000$	180	150	41	110	$0.8d$	$0.08d$
C	$4000 < L \leq 6300$	290	240	67	117	$0.8d$	$0.08d$
D	$6300 < L \leq 10000$	460	370	106	281	$0.8d$	$0.08d$
E	$10000 < L \leq 16000$	740	600	170	451	$0.8d$	$0.08d$
F	$16000 < L \leq 25000$	1150	920	265	702	$0.8d$	$0.08d$
G	$25000 < L$	1820	1460	419	1110	$0.8d$	$0.08d$

注　局部信息标志牌宜用 A、B 或 C 规格；车间宜用 D 或 E 规格；车间入口处、厂区内和工地内宜用 E 或 F 规格；工地、工厂等的入口宜用 F 或 G 规格。

禁止标志牌的制图标准

实际案例

2.1.3 指令标志

应用对象

化学用品、有毒物品的保管及使用场所，有放射性或飞散物质的场所，有高空坠落的场所，有潜在危险的场所。

规范要求

标准类型：强制标准。

材　　料：铝合金烤漆、铝合金覆 3M 工程级反光膜。

规　　格：参考示范图解。

内　　容：单面印刷，白色图案，蓝色衬底，悬挂或张贴在显眼的地方。

示范图解

指令标志牌的参数（角度 $\beta = 45°$）　　单位：mm

规格\参数	观察距离（L）	a	b	b_1（a_1）	a_2	c
A	$L \leq 2500$	150	120	92	35	$0.06a_1$
B	$2500 < L \leq 4000$	230	190	140	53	$0.06a_1$
C	$4000 < L \leq 6300$	360	290	220	83	$0.06a_1$
D	$6300 < L \leq 10000$	580	470	354	133	$0.06a_1$
E	$10000 < L \leq 16000$	920	740	561	212	$0.06a_1$
F	$16000 < L \leq 25000$	1450	1160	885	334	$0.06a_1$
G	$25000 < L$	2300	1840	1403	529	$0.06a_1$

注　局部信息标志牌宜用 A、B 或 C 规格；车间宜用 D 或 E 规格；
　　车间入口处、厂区内和工地内宜用 E 或 F 规格；工地、工厂
　　等的入口宜用 F 或 G 规格。
　　边框外角半径 $r = 0.056a_2$。

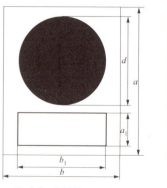

指令标志牌的制图标准

实际案例

2.1.4　提示标志

应用对象

化学用品、有毒物品的保管及使用场所，有放射性或飞散物质的场所，有高空坠落的场所，有潜在危险的场所。

规范要求

标准类型：强制标准。

材　　料：铝合金烤漆、铝合金覆 3M 工程级反光膜。

规　　格：参考示范图解。

内　　容：单面印刷，白色图案，绿色衬底，悬挂或张贴在显眼的地方。

示范图解

提示标志牌的参数（角度 $\beta = 45°$）　单位：mm

规格＼参数	观察距离（L）	a	d
A	$L \leqslant 2500$	70	56
B	$2500 < L \leqslant 4000$	100	80
C	$4000 < L \leqslant 6300$	160	128
D	$6300 < L \leqslant 10000$	250	200
E	$10000 < L \leqslant 16000$	400	320
F	$16000 < L \leqslant 25000$	630	504
G	$25000 < L$	1000	800

注　局部信息标志牌为 A、B 或 C 规格；车间设 D 或 E 规格；车间入口处、厂区内和工地内设 E 或 F 规格；工地、工厂等的入口处设 F 或 G 规格。

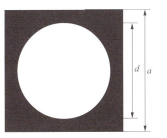

提示标志牌的制图标准

实际案例

2.1.5 危险物品保管标志

应用对象

易燃、易爆等化学物质及其保管场所，对出入人员及其环境有潜在致命影响的有毒物质及其保管场所。

规范要求

标准类型：强制标准。

材　　料：铝合金烤漆、铝合金覆 3M 工程级反光膜。

规　　格：菱形标示牌子，边长为 250mm 的直角菱形，以国家标准为准。

内　　容：明确危险物品的内容和图案，悬挂或张贴于保管危险物品的显眼位置或出入口正面。

示范图解

实际案例

2.1.6　职业危害因素公告牌

有职业危害隐患区域。

标准类型：强制标准。

材　　料：铝合金烤漆、铝合金 + 覆 3M 工程级反光膜。

规　　格：1200mm（长）×900mm（宽），可根据实际情况调整。

内　　容：健康危害、理化特性、应急处理、防护措施、标准限值、监测值、检测日期等。

作业岗位职业病危害告知牌

工作场所存在粉尘，对人体有害，请注意防护

健康危害	理化特征
长期接触生产性粉尘的人员，当吸入的粉尘达到一定的数量时即引发尘肺病。还可以引发鼻炎、咽炎、支气管炎、皮疹、皮炎、眼结膜损害等。	无机性粉尘、有机性粉尘

粉尘
Dust

注意防尘
Danger!Harmful gas

应急处理

1. 发现身体状况异常时要随时去医院内检查治疗。
2. 必须佩戴个人防护用品，按时、按规定对身体进行定期检查，对除尘设施定期维护和检修，确保除尘设施运行正常。

安全防护措施、要求

采取湿式作业，密闭尘源，通风除尘，对除尘设施定期维护和检修，确保除尘设施运转正常。加强个体防护，接触粉尘从业人员应穿戴工作服、工作帽，减少身体暴露部位。根据粉尘性质，佩戴多种防护口罩以防粉尘从呼吸道进入，造成危害。

内部应急电话：12345678	外部应急电话：消防电话：119	急救电话：120

2.1.7 区域安全告知牌

应用对象

重点区域。

规范要求

标准类型：建议标准。

材　　料：PVC+写真喷绘、亚克力UV、不锈钢烤漆丝印。

规　　格：900mm（长）×1200mm（宽），根据实际情况统一调整。

内　　容：区域名称、KKS码、责任人、重点防火部位、进入须知、安全警示标志等，个别项目可根据实际情况增减。

示范图解

区域名称
黑色；字体：微软雅黑；字号：300pt

区域KKS码
黑色；字体：微软雅黑；字号：120pt

区域责任人：
具体责任人用24mm透明底黑字标签带贴付
黑色；字体：微软雅黑；字号：70pt

重点防火部位：
此项为选择项，只有是重点防火部位时才设立此栏

进入须知：
此项为必选项，将人员进入需要注意的要点列出，必要时可调整此区域大小

安全警示标志：
此项为必选项，将进入该区域需要了解的安全警示标志列入，标志图本身大小参照国标，警示标志在区域内均匀排布，必要时可调整此区域大小

2.1.8　安全须知看板

应用对象

生产区域入口安全须知看板。

规范要求

标准类型：建议标准。

材　　料：铝板覆 3M 反光膜，双面牌，侧面密封封边。

规　　格：1200mm（宽）×2000mm（高），两块，可根据现场实际情况调整。

内　　容：公司 LOGO、进入须知、安全警示标志、穿戴标准、整容镜等。

示范图解

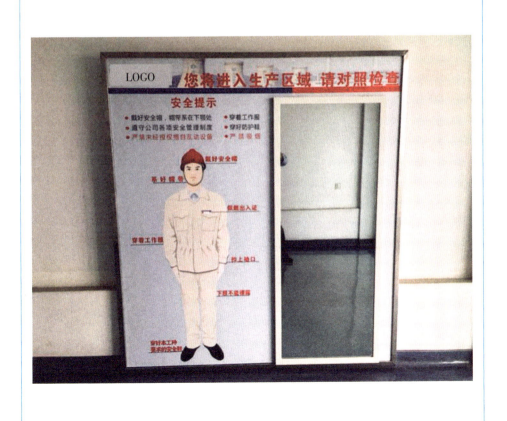

2.1.9　静电桩标志

应用对象

静电桩。

规范要求

标准类型：强制标准。

材　　料：铝合金烤漆、铝合金覆 3M 工程级反光膜。

规　　格：300mm（长）×400mm（宽），根据实际情况统一调整。

内　　容：清除人体静电标识，建议安装强制性人体静电消除报警装置或栏杆式静电消除装置（不能影响逃生路线）。

示范图解

2.2　护栏警示规范

2.2.1　固定式防护栏杆及踢脚板颜色

应用对象

各类防护栏。

规范要求

标准类型：强制标准。

材　　料：中黄油漆。

规　　格：护栏、踢脚板采用黄色油漆；踢脚板（挡板）顶部在平台之上高度不小于 100mm，其底部距离地面应不大于 10mm；不锈钢、镀锌材料的护栏不刷漆。

内　　容：涂刷油漆时一般要求刷 3 次，每次涂刷油漆不能太厚，等涂刷好的油漆干后再涂刷下一次。

示范图解

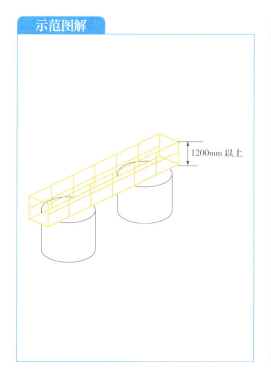

1200mm 以上

实际案例

2.2.2 钢直梯颜色

应用对象

钢直梯。

规范要求

标准类型：强制标准。

材　　料：中黄油漆、黑色油漆。

规　　格：安装固定梯子的宽度为 400mm 以上；必要时增加安全护笼，护笼直径在 600mm 以上，钢直梯上护笼用黄色；梯梁下方设置黄黑相间防撞警示线，防撞警示线离底端不小于 300mm。

内　　容：根据设备设施的需求情况安装固定梯子，某些设备自带有固定梯子则不需安装；不锈钢、镀锌材料的护栏不刷漆。

示范图解

实际案例

2.2.3 钢斜梯防护栏杆颜色

应用对象

倾斜式楼梯。

规范要求

标准类型：强制标准。

材　　料：中黄油漆。

规　　格：长为台阶长度，宽根据台阶深度选择 50mm~100mm。

内　　容：涂刷油漆时一般要求刷 3 次，每次涂刷油漆不能太厚，等涂刷好的油漆干后再涂刷下一次。

示范图解

实际案例

2.2.4　防护栏警示标志

应用对象

护梯防护栏、平台防护栏。

规范要求

标准类型：强制标准。

材　　料：铝合金烤漆、铝合金覆 3M 工程级反光膜。

规　　格：参考警示牌尺寸标准。

内　　容：护梯防护栏警示标志为当心坠落、当心滑跌、禁止跨越；平台防护栏警示标志为当心坠落、禁止跨越、禁止抛物、禁止倚靠（高空护栏才设）。

示范图解

护梯防护栏警示标志

平台防护栏警示标志

2.3　隐患位置警示规范

2.3.1　通道防撞警示

应用对象

柱子、墙角、凸出建筑物、工程钢等容易造成碰撞区域。

规范要求

标准类型：强制标准。

材　　料：黄黑色油漆、黄黑色警示胶带。

规　　格：线宽为100mm，45° 等间隔黄黑色线，可根据情况调整。

内　　容：

（1）防撞警示线：立柱或空中凸出物，1.5m 以上刷三黄两黑防撞线（不足1.8m，按现场实际情况确定），黄黑线宽100mm。

（2）防止碰头线：人行通道离地面（台阶）高度不足1.8m 的固定障碍物上。

（3）防止绊跤线：人行通道地面上高差在300mm 以上的管线或易造成人身绊倒、滑跌的其他障碍物上。

示范图解

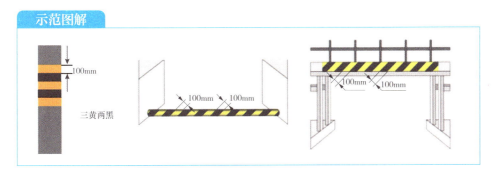

实际案例

2.3.2　防撞柱

应用对象

防撞柱。

规范要求

标准类型：建议标准。

材　　料：黄色、黑色油漆，黄黑色警示胶带。

规　　格：线宽 100mm~200mm 等间隔黄黑色线，可根据情况调整。

内　　容：防撞柱更换为 M 形防撞柱，并设置成弧形拐角。

示范图解

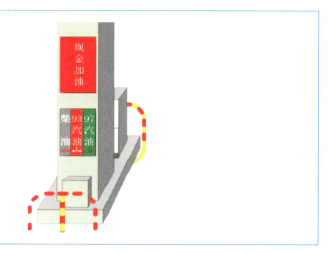

实际案例

2.3.3 旋转部位安全防护罩

应用对象

皮带传送部位、链条传送部位、联轴器等旋转部位，其他可能发生危险的部位。

规范要求

标准类型：强制标准。

材　　料：红色、白色油漆。

规　　格：箭头前端为边长 100mm 的等边三角形，箭柄长度为 120mm，箭柄宽度为 50mm，根据实际情况调整；安全防护罩用红色油漆，标示物体旋转方向用白色箭头。

要　　求：安全防护罩要留有检查孔或网状可观。防护罩安装牢固。大型防护罩的警示设置在两端或上下面，确保可视为基本原则。

示范图解

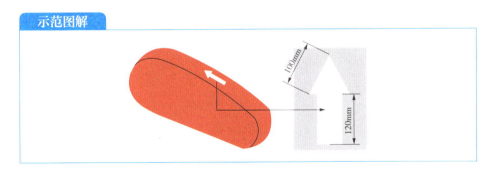

实际案例

2.3.4　螺杆警示

应用对象

具有碰撞隐患的螺杆。

规范要求

标准类型：建议标准。

材　　料：PVC 管、油漆。

规　　格：PVC 管长度为螺杆的长度 +30mm，管径为螺杆外径 +5mm；黄黑警示为黄色段—黑色段—黄色段，根据 PVC 管长度均分每段距离。

示范图解

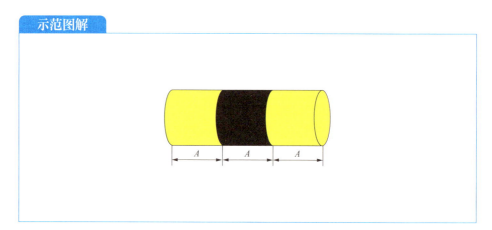

实际案例

2.3.5　防鼠板警示

应用对象

通道、楼梯。

规范要求

标准类型：强制标准。

材　　料：黄黑相间地胶带、挡鼠板用阻火材料。

规　　格：黄黑线宽 50mm 或 100mm。

要　　求：挡鼠板高度为 50mm，挡鼠板上端用黄黑警示线标示。

实际案例

2.3.6 排水道格栅板

应用对象

排水道格栅板。

规范要求

标准类型：建议标准。

材　　料：黄色玻璃钢格栅板。

规　　格：长宽根据排水道宽度定，厚度建议在 38mm 以上。

要　　求：阻燃性、耐腐蚀性。

实际案例

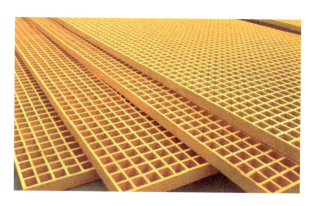

2.3.7　防止踏空线

应用对象

楼梯、有踏空隐患地方。

规范要求

标准类型：强制标准。

材　　料：黄色油漆。

规　　格：参考宽 50mm/100mm。

要　　求：上楼梯的第一级阶梯平面和最后一个阶梯平面，有踏空隐患的地方。

示范图解

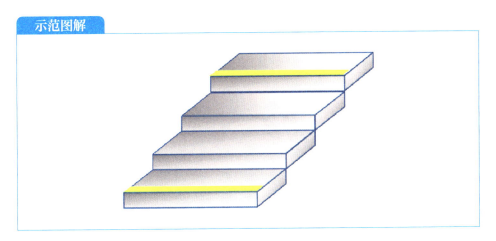

实际案例

2.4 工器具摆放规范

2.4.1 工器具形迹放置

应用对象

各种工具、器材类。

规范要求

标准类型：建议标准。

材　　料：工具柜、定制架、标签打印色带等。

规　　格：定置柜、架，标识大小根据情况合理调整。

内　　容：制作工具陈列柜，并在存放工具位置上画上工具形状；在工具箱的右侧贴附上工具清单，并标明管理部门和责任人；每个工具的位置都有对应标识。

示范图解

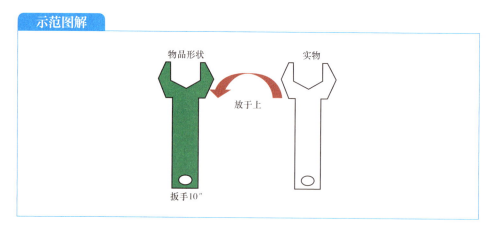

实际案例

2.4.2 棍类工具摆放

应用对象

各种适合竖立或是横排摆放的工具、器具、非标准专用工具类，此类工具形状一般比较修长。

规范要求

标准类型：建议标准。

材　　料：定置架、标签打印色带等。

规　　格：定置架、标识大小根据情况合理调整。

内　　容：制作适合的竖立式或横排式保管架；在工具架的旁边附上工具清单，并标明管理部门和责任人；每个工具的位置都有对应标识。

示范图解

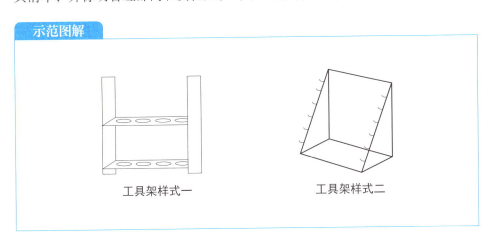

工具架样式一　　　　　　　　工具架样式二

实际案例

2.4.3 维修类工具摆放

应用对象

同一类型，但不同规格的工器具类。

规范要求

标准类型：建议标准。

材　　料：定置架、标签打印色带等。

规　　格：按照工器具形状和大小量身定做工器具存放的特有卡槽。

要　　求：在工具架的旁边附上工具清单，并标明管理部门和责任人；每个都有对应标识。

示范图解

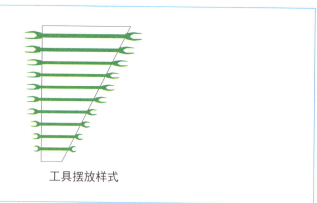

工具摆放样式

实际案例

2.4.4　可悬类工具摆放

应用对象

带有可以悬挂的孔、钩、套索等工器具类。

规范要求

标准类型：建议标准。

材　　料：悬挂架、挂钩、标签打印色带等。

规　　格：按照工器具形状和大小量身定做工器具类挂架。

要　　求：在工具架的旁边附上工具清单，并标明管理部门和责任人；每个都有对应标识。

示范图解

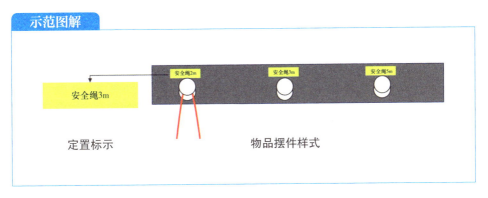

定置标示　　　　　　　　　　物品摆件样式

实际案例

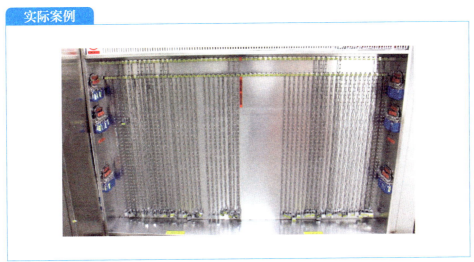

2.4.5　工具墙摆放

使用频繁的工具。

标准类型：建议标准。

材　　料：工具墙、钢板、挂钩等。

规　　格：根据使用工器具种类、使用频次、工器具形状和尺寸，量身定做。

要　　求：工具墙有定置图、管理部门和责任人，每个工具都有对应标识。

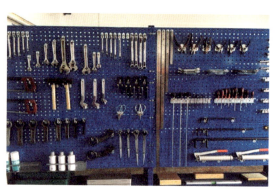

2.4.6　清扫工具摆放

应用对象

各种清扫用扫把、拖布等。

规范要求

标准类型：建议标准。

材　　料：定置架、标签打印色带等。

规　　格：根据情况制作适合的竖立式保管架。

要　　求：潮湿的工具，需要制作接水槽。

示范图解

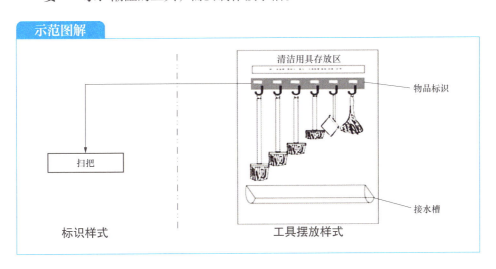

清洁用具存放区

物品标识

扫把

接水槽

标识样式　　　　　工具摆放样式

实际案例

2.4.7　砂轮片、碟片类摆放

应用对象

砂轮片、碟片等各类孔型物品。

规范要求

标准类型：建议标准。

材　　料：定置架、标签打印色带等。

规　　格：支撑架的直径为物品孔径减去 5mm，支撑架长度以需要保管量裁定。

要　　求：底盘要固定，防止晃动，在定置架的旁边附上工具清单，并标明管理部门和责任人，每个都有对应标识。

示范图解	**实际案例**
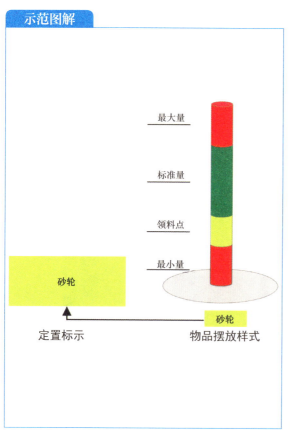	

2.4.8 绳索、电线类摆放

应用对象

各种钢丝绳、搬运用链条、尼龙绳、麻绳等。

规范要求

标准类型：建议标准。

材　　料：定置架、标签打印色带等。

规　　格：吊挂管理，定置架、挂钩、标识大小和数量根据实际情况调整。

要　　求：在定置架的旁边附上工具清单，并标明管理部门和责任人，每个都有对应标识。

示范图解

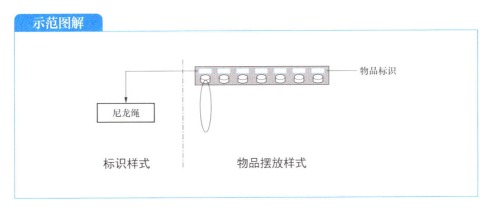

实际案例

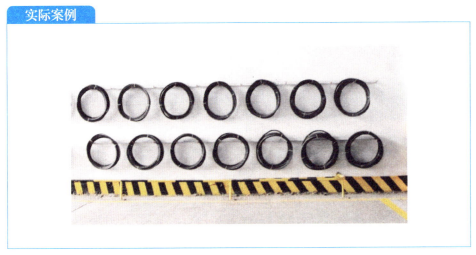

2.4.9 安全帽摆放

安全帽。

规范要求

标准类型：建议标准。

材　　料：安全帽定置架、定置箱，黄色黑字色带。

规　　格：定置架尺寸根据实际情况定制，标识用 24mm 黄色黑字色带。

要　　求：安全帽和定置架要有一一对应的标识。

实际案例

2.4.10 钥匙箱摆放

应用对象

钥匙。

规范要求

标准类型：建议标准。

材　　料：钥匙箱、色带。

规　　格：根据实施情况调整。

要　　求：不同类别、不同区域的钥匙进行分类，并用不同颜色的标识进行目视化管理；钥匙箱与钥匙要有一一对应的标识，方便归位。

实际案例

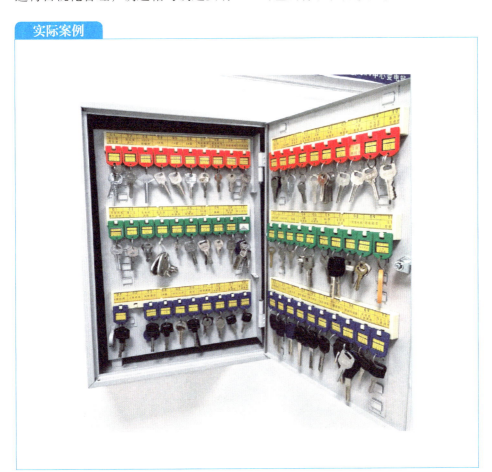

2.5　看板管理规范

2.5.1　企业文化看板

应用对象

厂区通道、办公楼等。

规范要求

标准类型：建议标准。

材　　料：灯箱、拉网展架、亚克力、写真喷绘。

规　　格：2600mm（长）×1300mm（宽），多块或组合，可根据实际情况调整。

内　　容：企业简介，发展历程，企业核心文化、精神、经营理念，公司获得的认证、荣誉等。

实际案例

2.5.2　宣传标语

应用对象

办公楼和生产现场的通道。

规范要求

标准类型：建议标准。

材　　料：灯箱、横幅、亚克力。

规　　格：根据实际情况调整。

内　　容：活动标语、企业文化理念、安全口号等。

实际案例

2.5.3 知识型宣传看板

应用对象

办公室走廊、楼道、车间通道两侧、水泥立柱。

规范要求

标准类型：建议标准。

材　　料：亚克力、有机玻璃、PVC 等。

规　　格：600mm（长）×900mm（宽），可根据实际情况调整。

内　　容：管理知识、理念、团队建设、职业素养、安全知识、7S 知识。

实际案例

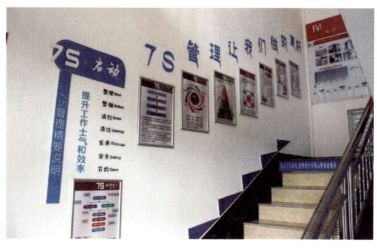

2.5.4　部门综合管理看板

应用对象

各部门。

规范要求

标准类型：建议标准。

材　　料：PVC+ 写真喷绘、亚克力 UV。

规　　格：2600mm（长）×1300mm（宽），可根据实际情况调整。

内　　容：部门荣誉、工作计划、重点工作、通知、文件告知、7S 巡检要求、7S 值日表、7S 区域清扫责任表等，样式根据内容设计调整。

实际案例

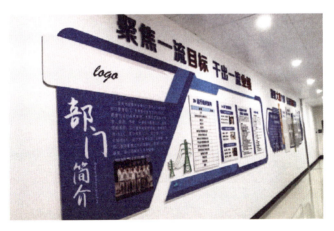

2.5.5　安全管理看板

应用对象

各厂区通道、生产车间、各职能部门等。

规范要求

标准类型：建议标准。

材　　料：亚克力 UV。

规　　格：2600mm（长）×1300mm（宽），可根据实际情况调整。

内　　容：安全理念、安全知识、异常投诉、安全指标、安全要求等。

实际案例

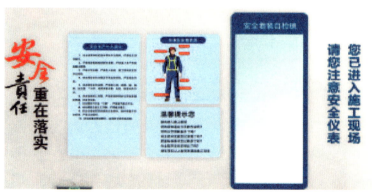

2.5.6　党政工会宣传看板

应用对象

各厂区通道、办公楼、生产车间、党员活动室等。

规范要求

标准类型：建议标准。

材　　料：PVC+写真喷绘、亚克力 UV。

规　　格：2600mm（长）×1300mm（宽）或根据实际情况调整。

内　　容：党史党纲、领导关怀、党建活动、工会活动、荣誉榜（企业、员工个人）等。

实际案例

2.5.7　部门文化看板

厂区主通道、办公楼。

标准类型：建议标准。

材　　料：PVC+ 写真喷绘、亚克力 UV。

规　　格：2600mm（长）×1300mm（宽），可根据实际情况调整。

内　　容：部门文化、员工活动、漫画书法摄影作品、一家亲、心情看板等，根据内容设计调整。

2.5.8 7S 推行看板

应用对象

各生产车间、各职能部门等。

规范要求

标准类型：建议标准。

材　　料：钢结构主架，PVC+写真喷绘、亚克力UV。

规　　格：2600mm（长）×1300mm（宽），可根据实际情况调整。

内　　容：项目推进情况、最新活动、7S宣传资料、7S组织架构、整改前后对比、清洁标准及点检表等。

实际案例

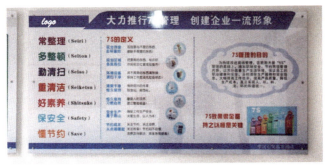

2.5.9 持续改善看板

各厂区通道、办公楼、生产车间，各职能部门、班组办公室等。

标准类型：建议标准。

材　　料：钢结构主架，PVC+ 写真喷绘、亚克力 UV。

规　　格：2600mm（长）×1300mm（宽），可根据实际情况调整。

内　　容：改善提案评比、改善之星、优秀改善案例展示等。

示范图解

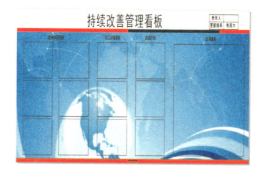

实际案例

2.5.10　班组管理看板

应用对象

各班组。

规范要求

标准类型：建议标准。

材　　料：钢结构主架，磁性文件套，PVC+写真喷绘、亚克力 UV。

规　　格：2600mm（长）×1300mm（宽），可采用组合看板，根据实际情况调整。

内　　容：班组简介、班组人员、班组理念、安全管理、班组培训、通知、班组对标管理等。

实际案例

2.5.11 化学品车辆管理看板

应用对象

化学品车辆。

规范要求

标准类型：建议标准。

材　　料：亚克力、PVC、绘画油漆等。

规　　格：2600mm（长）×1300mm（宽），根据实际实况调整。

内　　容：管理要求、注意事项，用图文并茂的形式展示。

实际案例

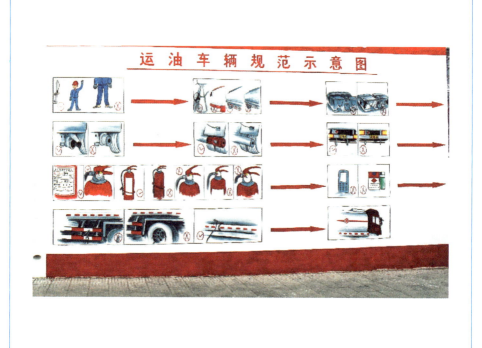

2.6 油漆使用规范

2.6.1 地面刷漆

应用对象

地面刷漆。

规范要求

标准类型：建议标准。

材　　料：水性地坪漆、环氧地坪漆、油漆稀释剂、刷漆滚筒、刮刀、油漆刷子。

规　　格：

（1）薄涂地坪：一般厚度为 0.2mm~0.5mm，最厚不超过 1mm。

（2）环氧砂浆地坪：一般厚度为 1.0mm~3.0mm，最厚不超过 5mm。必须由专业队伍施工。

（3）环氧自流平地坪：一般厚度为 1.5mm~2.0mm，最厚不超过 5mm。必须由专业队伍施工。

要　　求（仅供施工参考）：

（1）颜色。安全通道为绿色，其他区域自定。

（2）制作要求。环氧砂浆地坪和环氧自流平地坪必须由专业队伍施工，这里仅对企业自己员工可以施工的薄涂地坪进行描述。

1）基层要求。保证刷漆场地基础厚度与硬度达到施工要求，混凝土基层必须坚固、密实、平整，不应有起砂、起壳、裂缝、蜂窝麻面等现象。水泥找平层水泥砂浆强度足够，在 32.5MPa 以上，2m 直尺测量空缝不大于 3mm。

2）场地表面清理：

a. 用扫把将需刷漆场所的垃圾清理干净。

b. 用拖把和抹布将灰尘污迹擦干净。

c. 对地面有发黑霉变的，需要进行酸洗，然后用清水洗干净并风干。

d. 仔细检查地面，无起粉、起砂现象、平整、干燥、干净。

3）刷漆区域边沿及非刷漆部位防护。根据实际刷漆的需要，在刷漆部位的边缘用胶纸贴出线条轮廓。为防止非刷漆部位被油漆污染，应用塑料布、胶带等进行遮挡或覆盖。胶纸要贴紧，以避免油漆渗入造成"毛边"。

4）调漆。用适当的容器，将漆、固化剂（油宝）、油漆稀释剂按一定比例配好，混合后搅拌均匀（时间大约为10min）。停留30min使其化学反应完全。

a. 推荐比例1：漆（A）+固化剂（B）+天拿水（C）= 3：1：1.5

—— 常用于装配车间、现场办公室。

b. 推荐比例2：漆（A）+固化剂（B）+天拿水（C）= 4：1：2

—— 常用于加工车间、库房。

c. 在铁板上刷漆时，油漆稀释剂比在水泥地板上略多一些，必要时应先局部试验。

d. 水性地坪漆用适量清水混合搅拌均匀即可。

5）刷漆。

a. 大面积刷漆：地坪漆涂刷一般两遍底漆、两遍中涂层、两遍面涂，但自己员工涂刷会做简化处理，涂刷3遍面漆。

采用滚动刷法，用滚动刷在地面滚均匀，一般要滚3次以上，此法方便快捷，但漆会厚一些。

b. 修补或刷线：采用刷子刷法，用刷子在地面上刷均匀，不能太厚。此法较慢，对小面积或要求较高的，采用此法。刷后12h可通行。刷漆过程中，每隔10min要将容器中的漆再搅一遍，防止沉淀；12h内要使用的，漆一定要刷薄。

6）刷完后防护。刷完后场所应设置路障隔离，并设立"油漆未干"告示牌，防止踩踏。

7）使用前检查。

a.用手按，不粘手，且无陷入的指纹状，说明基本干了，行人可通行。

b.用拇指指甲重划，无明显划痕，说明油漆已干，叉车可通行。

注　　意：

（1）刷前地面无灰尘、垃圾；刷漆前地面要铺上纸张，防止油漆滴到地面上。

（2）油漆未干前，设置必要路障及提示，严禁行人踩踏，动力车禁止通行。

（3）调漆一定按要求比例，需停留 30min 后方可使用。

（4）金属（如铁板）的表面及水泥地板均可用的漆为磁性漆。

（5）一瓶油漆（约为 4L）配合油宝（每瓶 1.2L~1.4L）和油漆稀释剂（每瓶约 4L），若无任何浪费，可刷面积 $40m^2$。

（6）油宝即为固化剂，作用是让漆固化在附着物上，并让漆在干后能有光泽。若太少则无光泽；若太多漆会较硬，容易剥落。

（7）油漆稀释剂主要为了帮助漆的挥发，便于快干，同时也让刷漆更顺畅。若油漆稀释剂太少，漆很难刷均匀，易出现一团一团的块状，此时需加油漆稀释剂再调配；若油漆稀释剂太多，刷漆会过于顺畅，漆会自动流动，从而会出现因流动而产生的漆痕。

（8）购买漆时应注意有效期，过有效期的漆很难凝固。

（9）购买漆时就注意所需的颜色，尽可能直接购买接近所需颜色的漆。一般颜色均是调和后的，但是调色技术，非专业人员不是马上能掌握的，因此调色时注意记录使用漆的各种体积比。当调到所需色彩时，应记录下来，以便将来使用。

（10）在铁板上刷漆时一般用毛刷，常用的有 5 寸、3 寸、2 寸的毛刷。在地板、墙面上刷时常用滚筒式。

2.6.2 设备刷漆

应用对象

设备 / 用具表面刷漆。

规范要求

标准类型：建议标准。

材　　料：

（1）面漆：喷涂酚醛树脂改性的醇酸磁漆。

（2）底漆：面漆醇酸磁漆适用各种油性、醇酸、酚醛、环氧酯、环氧云铁等底漆，根据具体情况进行选择。

规　　格：

底漆干膜厚度约为 $60\,\mu m$，如果不考虑实际施工时的涂装环境、涂装方法、涂装技术、表面状况及结构、形状、表面积大小等的影响，一般消耗底漆量约为 $0.25 kg/m^2$。

要　　求（仅供施工参考）：

（1）施工流程：

（2）操作工艺：

1）基层处理：金属表面的处理，除油脂、污垢、锈蚀外，最重要的是表面氧化皮的清除，常用的办法有机械和手工清除、火焰清除、喷砂清除 3 种。根据不同基层要彻底除锈、满喷（或刷）防锈漆 1 道 ~2 道。

2）修补防锈漆：对安装过程的焊点、防锈漆磨损处进行焊渣清除，有锈时除锈，补 1 道 ~2 道防锈漆。

3）修补腻子：将金属表面的砂眼、凹坑、缺棱拼缝等处找补腻子，做到基本平整。

4）刮腻子：用开刀或胶皮刮板满刮一遍石膏或油腻子，要刮得薄，收得干净，均匀平整。

5）磨砂纸：用1号砂纸轻轻打磨，将多余腻子打掉，并清理干净灰尘。注意保护棱角，达到表面平整、光滑，线角平直，整齐一致。

6）磨最后一道砂纸：用320目砂纸打磨，注意保护棱角，达到表面平整、光滑，线角平直，整齐一致。由于是最后一道，砂纸要轻磨，磨完后用湿布打扫干净。

7）第一遍油漆：要厚薄均匀，线角处要薄一些但要盖底，不出现流淌，不显刷痕。

8）最后一遍油漆：要多喷，喷油饱满，不流不坠，光亮均匀，色泽一致。如有毛病要及时修整。

9）冬季施工：冬期施工室内油漆工程，应在采暖条件下进行，室温保持均衡，一般油漆施工的环境温度不宜低于10℃，相对湿度不宜大于60%，应设专人负责测温和通风工作。

（3）成品保护：

1）刷饰涂料前，要先清理好周围环境；涂料干燥前，应防止雨淋、尘土沾污和热空气的侵袭。

2）每遍油漆刷完后，所有能活动的门扇及木饰面成品都应该临时固定，防止油漆面相互黏结影响质量。必要时设置警示牌。

3）油漆完成后应派人专人负责看管，严禁摸碰。

（4）注意事项：

1）喷漆使用的底漆都要掺稀，按照使用说明勾兑，以使漆能顺利喷出为准，但不能过稀或过稠。

2）底漆、腻子、面漆要配套使用。例如：醇酸底漆用松香水，硝基漆要用香蕉水。

3）漆开桶后，发现不洁现象，要用120目铜丝箩过滤。

4）喷漆面的电镀品、玻璃、不锈钢件等可用凡士林、润滑油涂抹或用纸贴盖。

3
PART

7S

生产现场 7S 管理规范

7S 石油化工企业
管理规范手册

3.1 生产区域整体环境管理规范

应用对象

生产现场。

规范要求

标准类型：强制标准。

要　　求：

（1）生产现场地面按照工程图纸要求规范敷设，保持洁净、无积水、无杂物。

（2）墙平整、整洁，无手印、污渍。

（3）设备基座干净、整洁，无污渍，区域照明设施完好。

（4）设备外观完整，设备颜色符合规范要求。

（5）部件完好，无破损、变形。

（6）设备无跑、冒、滴、漏现象，表面无污损、油渍。

（7）设备名称标识清晰、齐全、准确。

实际案例

3.2 设备色彩规范

3.2.1 设备色彩管理标准

序号	项目	面漆颜色及卡号	标准色样	备注
1	设备机座	黄黑相间，瓷砖面不刷色		四角贴/刷黄黑相间线
2	观察口、吊耳、安全带吊点	黄色 Y07		观察口为巡检须关注的部位，吊耳、安全带吊点使用时能快速定位和警示
3	电动机	苹果绿 G01，出厂色		进口电动机保持原色；有特殊管理的电动机，按相关标准
4	防护罩	大红色 R03		底色大红色，白色转向箭头
5	阀门手轮、手柄	海蓝/大红色 R03		钢阀门为海蓝色，铸铁阀门为大红
6	阀门旋转方向或文字说明	白色		
7	人孔门、转动部件	橘红色 GY09		人孔门和转动部件用橘红色，起警示作用
8	辅助支架（支撑柱、架）	橘红色 GY09		有碰撞隐患，不方便刷黄黑警示线的小支架
9	护栏	黄色 Y07		特殊区域，最上层栏杆可刷荧光漆

注　表中标准是在国家标准、行业标准基础上的细化，标准上没要求的项目或有冲突的地方，优先按国家标准、行业标准、地方标准和企业标准执行。

3.2.2　设备机座

应用对象

设备水泥机座，有安全隐患部位。

规范要求

标准类型：强制标准。

材　　料：中黄、黑色、橘红路面漆，黄黑警示地胶带，黄黑瓷砖。

规　　格：高度小于 400mm 的设备水泥基座全部刷 100mm 宽黄黑相间线，高度大于或等于 400mm 的设备水泥基座在四角刷 / 贴 100mm 宽黄黑相间线，黄黑相间斜度为 45°，宽度为 100mm/200mm。

实际案例

3.2.3 吊耳、安全带吊点

应用对象

安全带吊点、设备吊耳。

规范要求

标准类型：强制标准。

材　　料：油漆。

规　　格：中黄 Y07。

内　　容：经常检修维护的设备或高空区域、设定固定安全带挂点、设备上的吊耳。

示范图解

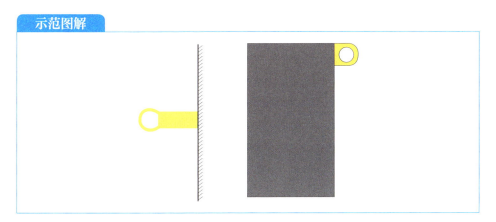

实际案例

3.2.4 人孔门、检修孔

应用对象

人孔门、检修孔、活动部位。

规范要求

标准类型：建议标准。

材　　料：油漆。

规　　格：颜色为橘红色。

内　　容：整体刷漆，刷喷底漆＋刷喷橘红色面漆＋刷清漆（表面防护）。

示范图解

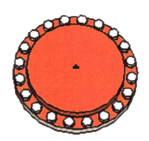

实际案例

3.2.5 设备底座铁架、易碰撞支架

应用对象

易碰撞不方便刷防撞线的支架、要区分设备主体的设备底座。

规范要求

标准类型：建议标准。

材　　料：油漆。

规　　格：颜色为橘红色 R05。

内　　容：铁架整体刷漆。

实际案例

3.2.6　阀门手轮

阀门手轮。

规范要求

标准类型：强制标准。

材　　料：黑色、中灰色、天蓝色、中蓝色、银灰色油漆。

规　　格：灰铸铁、可锻铸铁材料阀门，手轮为黑色；球墨铸铁材料阀门，手轮为银粉漆；碳素钢材料阀门，手轮为鼠灰色；耐酸钢材料阀门，手轮为粉蓝色；合金钢材料阀门，手轮为天青蓝色；手轮字体、方向箭头为白色。

内　　容：整体刷色，标识于手轮外环居中，可在手轮上标注常开、常闭状态。

实际案例

3.2.7 阀门牌

应用对象

全公司生产区域范围内各规格阀门。

规范要求

标准类型：建议标准。

材　　料：不锈钢腐蚀刻。

规　　格：80mm×12mm。

要　　求：阀门牌本体为不锈钢原色，字体为红色；阀门外观完整，部件完好、无缺损、无污渍、无跑冒滴漏现象。

示范图解

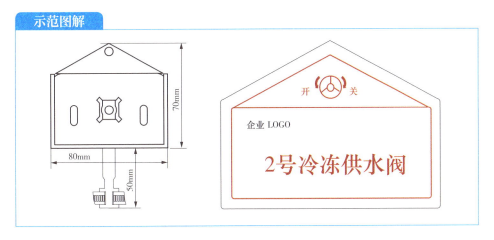

实际案例

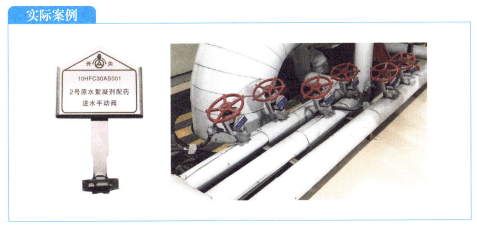

3.2.8　闸阀可视化标示

> **应用对象**

闸阀。

> **规范要求**

标准类型：建议标准。

材　　料：红色、绿色、黄色油漆，标签牌。

规　　格：80mm（长）×50mm（宽），可根据实际情况调整。

内　　容：明确阀门名称、阀门状态（常开或常闭），绿色表示开，红色表示关。

> **实际案例**

3.2.9 球阀可视化标示

球阀。

标准类型：建议标准。

材　　料：标签牌。

规　　格：80mm（长）×50mm（宽），可根据实际情况调整。

内　　容：明确阀门名称、阀门状态（常开或常闭），绿色表示开，红色表示关。

3.2.10　设备标示牌

应用对象

各类中、大型设备。

规范要求

标准类型：强制标准。

材　　料：不锈钢亚光＋腐蚀。

规　　格：分甲、丙、丁，根据设备面积选择。

内　　容：设备名称、设备编号、型号规格等。

示范图解

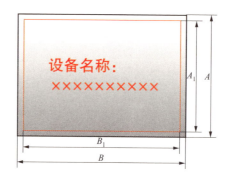

规格 \ 参数	B	A	B_1	A_1
甲	700	500	642	450
丙	500	400	460	360
丁	400	300	364	264

3.2.11　化学品装卸口

应用对象

汽油、柴油等化学品装卸口。

规范要求

标准类型：建议标准。

材　　料：红色、绿色、蓝色、灰色等油漆。

规　　格：根据实际情况调整。

内　　容：不同化学品装卸口用不同颜色标注，并明确名称、型号等。

实际案例

油品色彩标准

油品	颜色	色号	油品	颜色	色号
0 号汽油	海灰	B05	93 号柴油及以下	大红	R03
-10 号柴油及以下	海灰	B05	97 号汽油	淡绿	R02
90 号汽油	孔雀蓝	PB11	98 号汽油	艳绿	R03

3.3 管道管理规范

3.3.1 化工管道涂颜色和注字规范表

化工管道涂颜色和注字规范表

序号	介质名称	标准	面漆色号	色环	危险标识	参考样式（面漆、色环）
1	煤气（焦炉煤气、燃料气、脱硫气、转化气、合成气、驰放气、放空气等）	—	Y07 中黄	保温外包层用彩涂板	有	焦炉煤气 ➡
2	天然气、石油气及其他油气	—	Y07 中黄	无	有	天然气 ➡
3	液化天然气、液化石油气、焦油	—	YR05 棕	无	有	液化天然气 ➡
4	氢气	—	R05 橘红色	无	有	氢气 ➡
5	氧气	国家标准	PB06 淡蓝	无	有	氧气 ➡
6	低压空气（绝对压力小于或等于275kPa）	国家标准	B03 淡灰	无		低压空气 ➡
7	压缩空气（绝对压力大于275kPa）	国家标准	B03 淡灰	无	有	压缩空气 ➡
8	氮气、保护性气体	国家标准	Y07 中黄	无	有	氮气 ➡
9	氨气、酸气	—	Y07 中黄	无	有	氨气 ➡
10	液氨	行业标准	Y07 中黄	无	有	液氨 ➡
11	粗甲醇、粗苯	—	YR05 棕	无	有	精甲醇 ➡
12	氨分解、硫回收、制酸的过程气和尾气	—	Y07 中黄	无	有	硫回收 ➡
13	蒸汽	国家标准	R03 大红	保温外包层用彩涂板	—	加压塔蒸汽 ➡

续表

序号	介质名称	标准	面漆色号	色环	危险标识	参考样式（面漆、色环）
14	烟气、烟道气、二氧化碳气及一般排气	—	Y07 中黄	无	—	烟气 →
15	消防用泡沫	—	R03 大红	无	—	消防用泡沫 →
16	工业给水、过滤水、高压水、制冷水、生活水	国家标准	G03 艳绿	无	—	XX 过滤水 →
17	软水、除盐水、凝结水、锅炉给水、锅炉排污气、热水、循环水	—	G03 艳绿	无	—	XX 除盐水 →
18	消防用水	—	R03 大红	无	—	消防用水 →
19	循环氨水、高压氨水、剩余氨水、原料氨水、半富氨水、富氨水	—	黑色	无	—	循环氨水 →
20	蒸氨废水、含酚氰废水等	—	黑色	无	—	蒸氨废水 →
21	各种易燃液体（闪点小于或等于60℃）	国家标准	YR05 棕	无	有	液体 XX →
22	各种可燃液体（闪点大于60℃）	国家标准	YR05 棕	无	—	液体 XX →
23	酸、碱	国家标准	P02 紫	无	有	XXX →
24	硫铵母液、磷铵母液、稀酸水等	—	保温材料	有	有	硫酸吡啶 →
25	脱硫液、浓氨水等	—	保温材料	有	有	脱硫液 →
26	焦油氨水混合液、硫泡沫、硫浆	—	保温材料	有	—	硫泡沫 →
27	焦油氨水混合液	—	黑色	无	—	焦油氨水混合液 →

序号	介质名称	标准	面漆色号	色环	危险标识	参考样式（面漆、色环）
28	其他液体（焦油废水管、精馏水、冷凝液等）	国家标准	保温材料	有	—	焦油废水 ➡
29	煤粉（气力输送）	—	黑	无	—	煤粉 ➡
30	除尘专用管道、采暖专用管道	—	银粉漆	无	—	除尘 ➡
31	洗煤厂煤油起泡剂等药剂管道	—	R03 大红	无	—	煤油起泡剂 ➡
32	洗煤厂合介管、稀合管、煤泥水管	—	K39-80H（10GY8/4）	无	—	XXXX ➡
33	洗煤厂絮凝剂	—	K39-80H（10GY8/4）	无	—	絮凝剂 ➡
34	干熄焦循环气	—	银粉漆	无	—	干熄焦循环气 ➡
35	设备润滑油、洗油	—	Y05 柠黄	无	—	润滑油 ➡
36	洗油管道		YR05 棕	无	有	液体XX ➡
37	埋地管道	—	黑色	无	—	

实际案例

3.3.2　管道标注要求（整管着色）

应用对象

可整体涂刷油漆的管道。

规范要求

标准类型：强制标准。

示范图解

（1）标注规格：

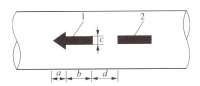

1—介质流向箭头；2—介质名称

（2）色环、介质名称和介质流向标识制作参数表：

单位：mm

保温层外径或 管道外径	a	b	c	d
≤ 100	40	60	30	100
101~200	60	90	45	100
201~300	80	120	60	150
301~400	100	150	75	150
401~500	120	180	90	150
501~1000	200	300	150	250
1001 以上	330	500	250	420

（3）整管着色标注样例：

氯气管道

3.3.3　管道标注要求（色环标注）

应用对象

难以整根着色的管道。

规范要求

标准类型：强制标准。

示范图解

（1）标注规格：

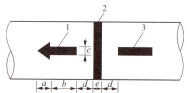

1—介质流向箭头；2—色环；3—介质名称

（2）色环、介质名称和介质流向标识制作参数表：

单位：mm

保温层外径或管道外径	a	b	c	d	e
≤ 100	40	60	30	100	60
101~200	60	90	45	100	80
201~300	80	120	60	150	100
301~400	100	150	75	150	120
401~500	120	180	90	150	150
501~1000	200	300	150	200	250
1001 以上	330	500	250	330	420

（3）色环标注样例：

3.3.4 管道标注要求（标牌标注）

应用对象

外径小于76mm的管道，直接涂刷介质名称及介质流向标识不易识别的管道。

规范要求

标准类型：强制标准。

材　　料：铝合金烤漆或丝印、亚克力。

规　　格：尺寸根据管道实际尺寸设置，最小尺寸应以能清楚观察识别色来确定，标牌及介质名称颜色参考 3.3.1 中的化工管道涂颜色和注字规范表。

内　　容：介质名称、标牌的指向尖角指向介质流向。

示范图解

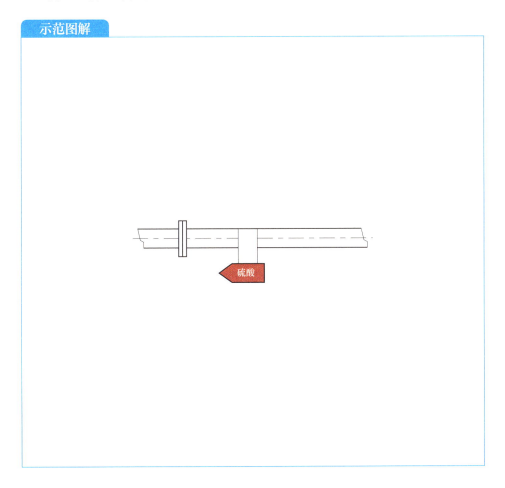

3.3.5 管道标注要求（危险标识）

应用对象

管道内的物质，凡属于 GB 13690《化学品分类和危险性公示　通则》所列的危险化学品。

规范要求

标准类型：强制标准。

材　　料：红色、黄色油漆。

规　　格：红色为高毒物品，需专业人员佩戴相应防护用具；黄色，一般有毒物品，佩戴适当的防护用具，出入此区域的人员必须进行洗消处理。

内　　容：在管道上涂 150mm 宽黄色色环，在黄色两侧各涂 25mm 宽黑色的色环或色带，安全色范围应符合 GB 2893《安全色》的规定。

示范图解

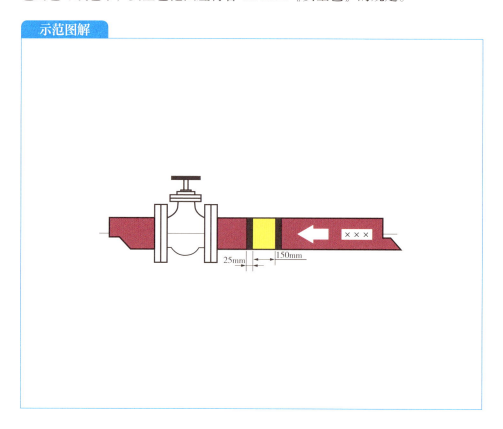

3.3.6　管道介质名称及流向标注

应用对象

管道。

规范要求

标准类型：强制标准。

要　　求：

（1）标注介质名称 + 介质流向箭头。管道为深颜色用白色箭头，管道为浅颜色用黑色箭头，要保证颜色对比明显，介质名称与介质流向着色一致。在管道的介质流向有两种可能时，应标出两个方向的指示箭头。

（2）管道弯头、穿墙处及管道密集、难以辨认的部位，应涂刷介质名称及介质流向箭头。

（3）管道长度超过 10m 时，宜每隔 10m 标注一处介质名称及介质流向。

（4）介质流向标注位置为管道正面明显处，管道密集处保证高度相同。

（5）介质流向应标注在管道弯头、穿墙处及管道密集、难以辨别的部位，其位置应在距弯头至少 5m 的直管段上。

（6）如两个弯头相距不够 10m 时则应选择中间位置；需要时，可在管道上标注压力。

示范图解

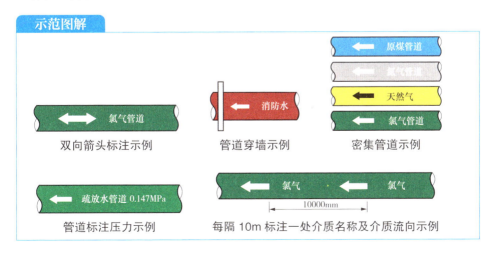

双向箭头标注示例　　　　管道穿墙示例　　　　密集管道示例

管道标注压力示例　　　每隔 10m 标注一处介质名称及介质流向示例

实际案例

3.3.7 管道断面标示

应用对象

综合管道桥架端面。

规范要求

标准类型：建议标准。

材　　料：铝合覆 3M 反光膜。

规　　格：1000mm（长）×800mm（宽），可根据实际情况确定尺寸。

内　　容：管道信息，包括输送介质名称、输送管道颜色、管道起止点、管道直径、管道位置、介质流动方向等；管理部门；公司 LOGO。

实际案例

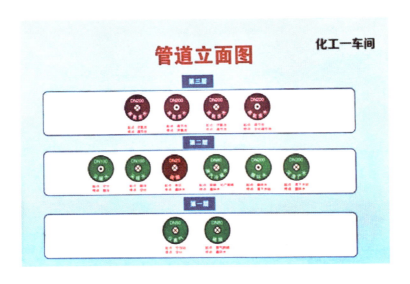

3.4　设备点检管理规范

3.4.1　整体要求

应用对象

生产现场设备。

规范要求

标准类型：强制标准。

要　　求：

（1）确定需要点检区域、设备、项目。

（2）确定需进行点检的设备，收集设备说明书、保养书及相关技术要求。

（3）确定选定设备的点检位置，并对点检位置进行编号，编号原则根据现场点检路线确定，点检路线选择以安全、效率为基础，避免来回走动。

（4）点检标准的确定：确定各点检位置的点检标准，点检标准的确定以简单、高效为原则。

（5）点检方式及工具的确定：确定点检的方法，视觉、听觉、触觉、测量及采用的点检工具，如电筒、探针、测温测振仪等。

（6）点检周期的确定：根据各点检位置的特性确定点检频率，一般为天、周、月。

（7）将制作好的设备点检指导书设置在显眼位置，可以在设备本体、临近墙面合适位置张贴或在设备边设立支架。

实际案例

3.4.2　区域巡检看板

应用对象

巡检区域。

规范要求

标准类型：建议标准。

材　　料：不锈钢烤漆，亚克力 UV。

规　　格：1200mm（长）×900mm（宽）或 2400mm（长）×1200mm（宽），可根据实际情况调整。

内　　容：设备巡检路线、巡检位置图片、点检标准。

示范图解

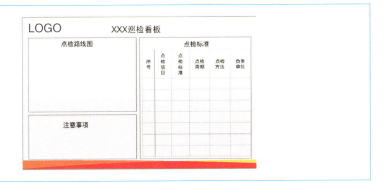

实际案例

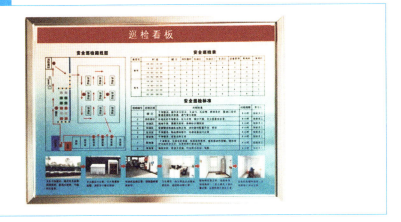

3.4.3　设备点检 / 巡检管理看板

应用对象

设备点检 / 巡检管理看板。

规范要求

标准类型：建议标准。

材　　料：亚克力或铝板。

规　　格：1200mm（长）×900mm（宽），420mm（长）×297mm（宽），根据实际情况调整。

内　　容：设备巡检路线、巡检位置图片、点检标准。

示范图解

实际案例

3.4.4 巡检位置标示

应用对象

生产区域、设备的巡检点。

规范要求

标准类型：强制标准。

材　　料：PVC 地标贴或油漆。

规　　格：脚印标示直径为 300mm，脚印可统一为绿色、黄色。

内　　容：

（1）编号原则：类别编号 + 位置序号。

（2）类别，如运行、维修、电气等。

示范图解

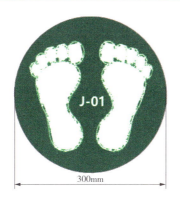

实际案例

3.4.5 巡检方向指引

应用对象

巡检路线。

规范要求

标准类型：建议标准。

材　　料：路面漆。

规　　格：指引线尺寸参考图示，深色地面指引线为白色虚线，浅色地面指引线为黄色虚线。

内　　容：

方法1：只在巡检路线发生改变时画箭头，针对面积小的巡检区域，参考图1。

方法2：虚线将整条巡检路线串起来，针对面积大，没有巡检通道的区域，参考图2。

示范图解

图1　巡检方向指引方法1　　　　图2　巡检方向指引方法2

实际案例

3.4.6　设备点检位置标示

应用对象

各种需点检设备的点检位置。

规范要求

标准类型：建议标准。

材　　料：薄铝板或薄不锈钢覆膜，带背胶，根据现场实际确定材料。

规　　格：外径 30mm，内圆直径 15mm。

要　　求：

（1）颜色：测温点——红环白芯；测振点——绿环白芯；测声点——绿色芯。

（2）材料选择：不干胶单面印刷。

（3）标识编码：设备简称代号 + 点检位置序号（设备简称代号用设备名称拼音的第一个字母表示），下部编码为点检标准。

（4）标识位置：粘贴在点检位置下方。

示范图解

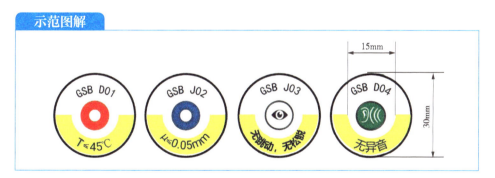

实际案例

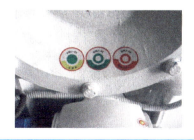
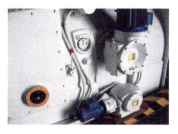

3.4.7 仪器仪表目视化

应用对象

压力表、电流限制位标识。

规范要求

标准类型：建议标准。

材　　料：自黏性聚乙烯材质、广告贴纸刻绘。

规　　格：色环线宽为 2mm~3mm。

要　　求：单线标注红色条表示不能超过该压力；环形标注绿色表示正常范围，黄色表示警示范围，红色表示异常范围。

位　　置：色环线贴于表盘外沿，不要遮挡刻度。

实际案例

3.4.8 液位计标示

应用对象

温度计、液位计等限制位标识。

规范要求

标准类型：建议标准。

材　　料：PVC 反光膜，背胶。

规　　格：色带线宽为 2mm~6mm，可根据实际情况调整。

内　　容：颜色：绿色表示正常，黄色表示警告，红色表示故障；保持表计外观整洁，读数刻度清晰，无积灰、污渍；色带贴于表面清晰可见处，无遮挡物。色环线贴于表盘外沿，不要遮挡刻度。

示范图解

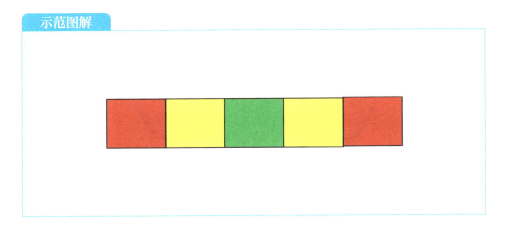

实际案例

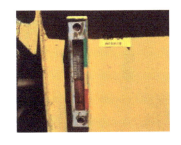

3.4.9　关键紧固件

应用对象

风机、电动机、泵等旋转振动体等需定期点检的螺母（地脚螺栓）、螺栓的旋转部位。

规范要求

标准类型：建议标准。

材　　料：红色、白色油漆或油漆笔。

规　　格：标示线的宽度一般为 2mm~3mm，具体宽度根据螺栓、螺母大小调整。

要　　求：锁紧螺栓、螺母至紧固状态。

示范图解

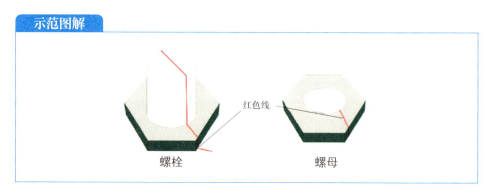

红色线

螺栓　　　　　　螺母

实际案例

3.4.10 设备点检表

设备。

标准类型：建议标准。

材　　料：A3、A4 纸打印。

规　　格：297mm（长）×210mm（宽）或 420mm（长）×297mm（宽），可根据实际情况调整。

内　　容：点检项目、点检标准、点检方法、点检周期、点检日期、点检记录等。

3.4.11　重点作业指导看板

应用对象

重点工序、工作流程。

规范要求

标准类型：建议标准。

材　　料：PVC+写真喷绘，亚克力 UV。

规　　格：1200mm（长）×900mm（宽），可根据实际情况调整。

内　　容：作业步骤（图片+文字描述）、注意事项。

示范图解

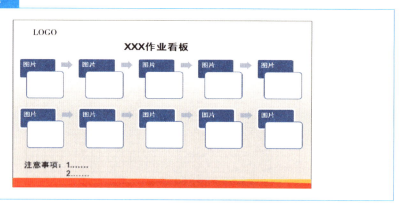

实际案例

3.5 配电间区域管理规范

应用对象

适用于 10kV/ 380V 等配电间区域。

规范要求

标准类型：强制标准。

要　　求：

（1）整体干净、整洁，地面无积水、积灰、杂物。

（2）区域划分合理，设施及物品定置定位清晰。

（3）距离盘柜 800mm 处应设置安全警戒线，不足 800mm 则按现场实际确定，警戒线为宽度 100mm 中黄色实线，水泥地面刷漆，地砖用胶带。

（4）盘柜编码正确、统一整齐，安全标示牌悬挂位置整体统一。

（5）盘柜整洁、完好，文字内容与盘柜对应正确，字迹工整醒目。

实际案例

3.6 电子间区域管理规范

应用对象

所有电子设备室。

规范要求

标准类型：强制标准。

要　　求：

（1）整体干净、整洁，地面无积水、积灰、杂物。

（2）区域划分合理，设施及物品定置定位清晰。

（3）在进入电子间的门口处，安装红外线语音播报器，提醒进入者确认好区域间隔，有效防止走错区域。

（4）设备间入口醒目位置应装设区域名称标志牌和"未经许可　不得入内""穿绝缘劳保鞋""戴安全帽"三合一安全标志牌。

（5）电子间入口设置400mm高的防小动物挡板，挡板上边缘正反面，粘贴宽100mm黄黑相间45°角的反光胶带，挡板上贴安全警示语"当心碰脚"。

（6）盘柜的门设置当心触电标志，把手边粘贴有"并柜前请确认间隔"提示标识。

实际案例

3.7　消防气瓶区域管理规范

应用对象

消防钢瓶区、消防气体房等区域。

规范要求

标准类型：强制标准。

要　　求：

（1）地面干净，无积水，无杂物，区域划分清晰。

（2）气体机房墙壁上醒目位置设置消防系统图和危险点识别卡。

（3）气体管道有介质及流向标识。管道按规定涂刷红色。

（4）模块箱按通用要求进行标识，设置接线图。消防模块箱箱盖上设置转换按钮转换状态标识和控制区域标识。

（5）主用气瓶架和备用气瓶架应有标识。

（6）气瓶气压、重量在有效范围内，气瓶在检定有效期内。

实际案例

3.8 CO$_2$ 灭火装置管理规范

应用对象

CO$_2$ 灭火装置区域。

规范要求

标准类型：强制标准。

要　　求：

（1）主要设备配有清晰的铭牌标识。

（2）现场地面整洁，无明显缺陷，无垃圾、积水，无随意放置物品。设备完好，无缺陷。

（3）表计无破损，指示正确，状态标识、检定标识完整。

（4）设备、底座、梯子涂刷规定的颜色。

（5）阀门、手轮完好，标识清晰。

（6）安全阀检定标识清晰、完整。

（7）盘柜带电指示、状态指示、按钮等正常，标识清晰。

实际案例

4
PART

行政办公区域 7S 管理规范

4.1 公共区域管理规范

4.1.1 厂区整体环境

应用对象

厂区。

规范要求

标准类型：强制标准。

要　　求：

（1）整体：户外区域合理配置、整洁有序，园区各建筑物色调协调统一，主要建筑物应有企业 VI 标识。

（2）通道：路面清洁无杂物，无积水，道路畅通；地面有指引箭头，画分车道线，障碍物有防撞线；采用大理石路肩，转角处用黄、黑相间防撞警示线。

（3）汽车库位：停车区设置停车指示牌；有指引箭头，画分车道线，障碍物有防撞警示线；车库大门门框有区域名称标牌、指引标识、限速标识、限高和禁止标识。

（4）户外垃圾桶：垃圾桶应分类、编号、定置摆放、标识清晰。垃圾桶表面干净、无褪色、无破损，周围无杂物。垃圾桶上印有公司名称标识；垃圾桶应为环保垃圾桶，有垃圾分类标识。

实际案例

4.1.2　道路地面

应用对象

厂区内所有路面。

规范要求

标准类型：强制标准。

材　　料：白色、黄色热熔漆。

规　　格：车道线与人行道，线宽 10cm/15cm，人行横道线长 200cm~300cm，线宽 30cm，间距 40cm，箭头长 300cm（可结合道路实际情况调整）。标准道路的画线方法参考 GB 5768.3—2009《道路交通标志和标线　第 3 部分：道路交通标线》。

内　　容：马路分道线、导引箭头、人行横道线等。

示范图解

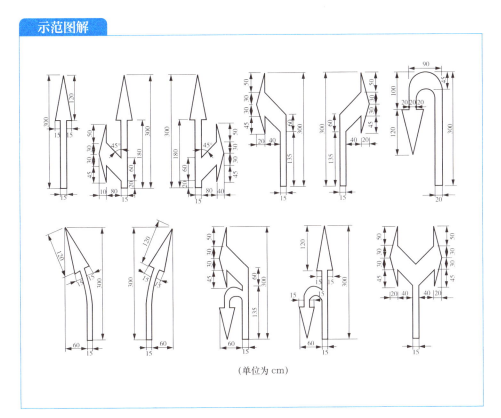

（单位为 cm）

示范图解

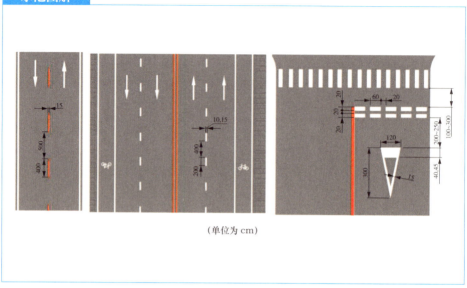

（单位为 cm）

实际案例

4.1.3　厂区大门

应用对象

厂区大门。

规范要求

标准类型：建议标准。

材　　料：白色、黄色热熔漆，警示标识牌。

规　　格：线宽为 150mm，禁止停车网状线，外围线宽为 150mm，内部网格线与外边框成 45° 角，具体参考公路道路画线标准，可结合道路实际情况调整。

内　　容：大门设置车辆出入口和行人出入口，设置待检查车位；伸缩门和起落杆有警示线和车辆停止线，必要时可设黄色网状禁止停车线；入口处设置厂区应急疏散图和入厂须知告示牌；门口应设置停车检查、限速等警示标识；在入口门岗侧设置入厂手续办理流程图。

实际案例

4.1.4　停车场

厂区停车场。

标准类型：建议标准。

要　　求：

（1）停车泊位平面空间由车辆本身的尺寸加四周必要的安全间距组成。

（2）停车泊位设计分大、小两种尺寸。大型泊位长 1560cm、宽 325cm，适用于大中型车辆；小型泊位长 600cm、宽 250cm，适用于小型车辆。条件受限时，宽度可适当降低，但最小不应低于 200cm。标示线宽 10cm，颜色为黄色或白色。

（3）停车泊位排列形式分为平行式、倾斜式、垂直式，见示范图解。路内停车泊位的排列宜采用平行式，大型车辆的停车泊位不宜采用倾斜式和垂直式的停放方式。

（4）有停车场标识，车位区域画线并编号。

（5）设置移动灭火器、倒车阻挡块。

（单位为 cm）

实际案例

4.1.5 摩托车库位

应用对象

自行车、摩托车、电动车。

规范要求

标准类型：强制标准。

材　　料：白色、黄色热熔漆、车棚架。

规　　格：结合实际情况调整。

内　　容：悬挂标识牌，将自行车、摩托车、电动车分类摆放，电动车应设立充电电源插座。

实际案例

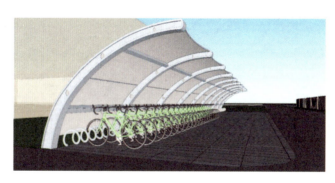

4.1.6 路肩石警示线

应用对象

有碰撞隐患的地方，如转弯处的路肩石。

规范要求

标准类型：建议标准。

材　　料：黄色、黑色油漆或反光漆。

规　　格：黄色间距为 600mm，根据现场实际情况调整。

内　　容：黄色油漆为普通或反光油漆，黑色油漆为普通油漆。

示范图解

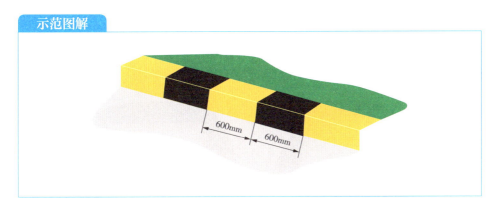

实际案例

4.1.7 井盖设施

应用对象

污水井盖、供水井盖、电缆井盖、雨水井盖等。

规范要求

标准类型：建议标准。

材　　料：白色、黄色油漆，标示牌。

规　　格：井座边缘向外 50mm 画黄色警示线。

内　　容：井盖上面有文字说明区域的，区域按井的种类涂底色，雨水井（Y03）→绿色；消防井（X01）→红色；油污水井（W06）→黄色；操作井（Z53）→蓝色；其他→灰色。字体为黑体。

示范图解

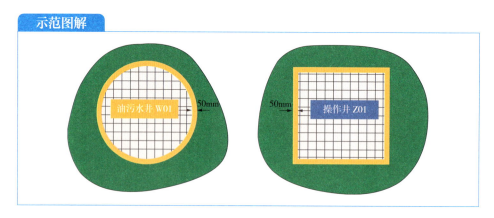

实际案例

4.1.8　安全提示看板

应用对象

厂区、生产区域。

规范要求

标准类型：建议标准。

材　　料：不锈钢烤漆 + 内容丝印。

规　　格：800mm（长）× 2000mm（宽），可根据区域情况调整大小。

内　　容：注意事例、警示标识、区域示意图、去向指引等。

示范图解

4.1.9　综合指引牌

应用对象

厂区入口、分支路口。

规范要求

标准类型：建议标准。

材　　料：不锈钢烤漆＋内容丝印。

规　　格：600mm（长）×2200mm（宽）×60mm（厚），可根据区域情况调整。

内　　容：去向指引、区域示意图、疏散指引、警示标识、方向指引等。

示范图解

4.1.10　指向路标

有分支路口。

标准类型：建议标准。

材　　料：不锈钢立架，不锈钢烤漆 + 内容丝印。

规　　格：根据实际情况调整大小。

内　　容：去向区域名称、指引箭头。

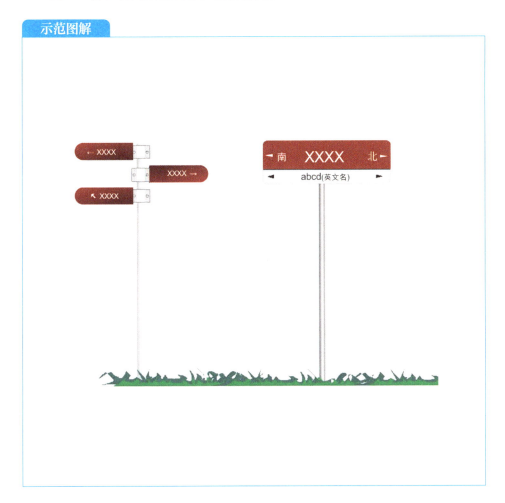

4.1.11 路灯广告旗

应用对象

路灯广告旗。

规范要求

标准类型：建议标准。

材　　料：铝合金＋防水防紫外线喷绘写真。

规　　格：500mm（长）×1200mm（宽）。

内　　容：企业 LOGO、宣传标语。

实际案例

4.1.12　楼层总指示牌

应用对象

办公楼。

规范要求

标准类型：建议标准。

材　　料：铝合金烤漆或丝印、亚克力，内容可更换。

规　　格：550mm（长）×700mm（宽），可根据现场实际情况调整。

内　　容：LOGO、部门名称、楼层号、楼层用途标识或名称。

示范图解

LOGO 楼层索引牌		**1**F
6F	XXX XXX XXX XXX	
5F	XXX XXX XXX XXX XXX XXX	
4F	XXX XXX XXX XXX	
3F	XXX XXX XXX XXX XXX XXX	
2F	XXX XXX XXX XXX XXX XXX	
1F	XXX XXX XXX XXX	

实际案例

4.1.13　各层办公室指示牌

应用对象

各楼层。

规范要求

标准类型：建议标准。

材　　料：铝合金烤漆丝印、亚克力。

规　　格：550mm（长）×700mm（宽），可根据现场实际情况调整。

内　　容：LOGO、部门名称、房间编号、房间名称，可与消防疏散图结合。

示范图解

实际案例

4.1.14 楼层标志

应用对象

楼梯。

规范要求

标准类型：建议标准。

材　　料：亚克力 UV。

规　　格：600mm（长）×300mm（宽），可根据现场实际情况调整。

内　　容：由楼层号、公司 LOGO 组成。

示范图解

实际案例

4.1.15　门牌

应用对象

办公室、班组等。

规范要求

标准类型：建议标准。

材　　料：铝合金，丝网印刷或烤漆。

规　　格：316mm（长）×160mm（宽），可根据实际情况调整。

内　　容：由部门、名称、房间号、集团或公司 LOGO 组成；安装于门口左边，特殊情况装于门口右边或中上方，高度统一。

示范图解

实际案例

4.1.16　玻璃门防撞标示

应用对象

玻璃门、玻璃墙。

规范要求

标准类型：建议标准。

材　　料：背胶户外写真、磨砂广告贴纸。

规　　格：高 110mm，可根据实际情况调整。

内　　容：LOGO+ 企业名称，贴于玻璃门中间或防撞条下沿距离地面 1100mm。

示范图解

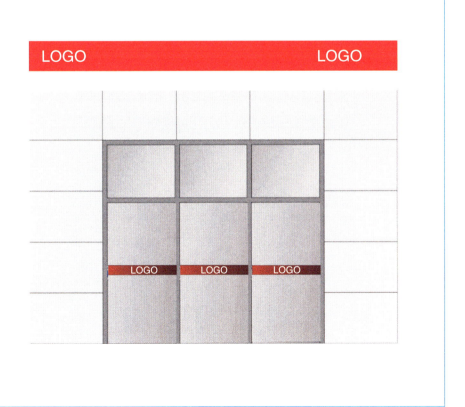

4.1.17 门开关标示

推拉门。

标准类型：建议标准。

材　　料：亚克力。

规　　格：参考 110mm（长）×110mm（宽），标示贴门把手上方 20mm~ 50mm 处，根据实际情况统一调整。

内　　容：中英文结合。

4.1.18　户外垃圾桶

应用对象

户外垃圾桶。

规范要求

标准类型：建议标准。

材　　料：塑料、不锈钢、环保材料等。

规　　格：根据区域情况调整大小。

要　　求：垃圾分类标识、定位。

实际案例

4.2 办公室管理规范

4.2.1 办公室整体环境

应用对象

所有办公室。

规范要求

标准类型：强制标准。

要　　求：

（1）办公室设施、办公台、文件柜等布局合理，设置物品摆放定置管理图，并标注物品责任人。

（2）卫生干净、整洁，通风、照明达到要求，无灰尘、碎屑、纸屑等杂物。

（3）办公室内物品整齐、有序，按平行、直角放置。

（4）墙角、地板、计算机、空调、墙壁、天花板、排气扇、办公用品等要定期维护，保持干净。

（5）文件资料分类定置存放，标识清楚，便于检索，需要的文件、资料能在 10s 之内找到。

（6）桌面及抽屉内物品保持正常办公的最低限量；除每日必需品外，其他物品不应存放在办公台上。

实际案例

4.2.2　区域定置图

应用对象

所有区域。

规范要求

标准类型：建议标准。

材　　料：铝合金或亚克力卡槽、PVC、A3 纸张彩印塑封。

规　　格：420mm（长）×297mm（宽）或 297mm（长）×210mm（宽），可根据实际情况调整。

内　　容：区域布局图、办公家具、设备位置和配置数量、7S 负责人等。

实际案例

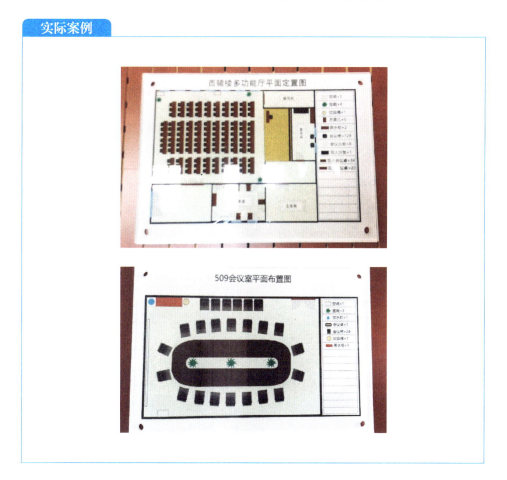

4.2.3 办公室人员去向牌

应用对象

外来人员较多的办公室。

规范要求

标准类型：建议标准。

材　　料：铝合金卡槽。

规　　格：600mm（长）×480mm（宽）。

内　　容：企业 LOGO、部门、职务、姓名、人员状态等。

示范图解

4.2.4 员工姓名标识牌

应用对象

办公桌。

规范要求

标准类型：建议标准。

材　　料：PVC+ 标签打印色带，彩色相片打印纸、塑封膜。

规　　格：180mm（长）×110mm（宽），可根据实际情况统一调整。

内　　容：企业 LOGO、部门、编号、姓名、照片。

示范图解

4.2.5 文件柜标识牌

应用对象

所有办公区域。

规范要求

标准类型：建议标准。

材　　料：PVC+标签打印色带，彩色照片打印纸、塑封膜。

规　　格：90mm（长）×60mm（宽）。

内　　容：LOGO、文件柜编号、资料名称、部门、责任人和联系电话；粘贴于文件柜门左上角，所有标签横平、竖直。

示范图解

实际案例

4.2.6　柜内物品放置

应用对象

柜内物品。

规范要求

标准类型：建议标准。

材　　料：反光膜广告贴纸定位条、标签打印机色带、隔栅板。

规　　格：定位条宽为 8mm，颜色为绿色、蓝色、黄色，标签打印机色带宽为 12mm，隔栅板高度为 50mm 左右。

内　　容：物品编号、物品名称，标签贴于物品分隔线正中间。

实际案例

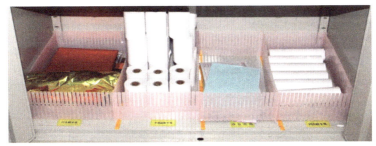

4.2.7 文件盒标示

应用对象

所有办公区域。

规范要求

标准类型：建议标准。

材　　料：彩色相片纸、塑封膜。

规　　格：根据文件盒实际尺寸调整，同类文件盒尺寸统一。

内　　容：LOGO、公司名称、文件盒（应编号）、文件名称、管理人、部门，形迹管理标识。

示范图解

实际案例

4.2.8　文件盒内标示

应用对象

文件盒、档案盒。

规范要求

标准类型：建议标准。

材　　料：打印机色带、A4 纸张。

规　　格：12mm。

要　　求：目录、文件编号，目录编号与文件标签对应，目录在文档第一页或在文件盒封面内侧；文件标签错开贴于文件一侧，方便查找。

实际案例

4.2.9 桌面文件框标示

应用对象

文件架、文件框、多层文件架。

规范要求

标准类型：建议标准。

材　　料：亚克力、彩色照片打印纸、塑封膜、透明硬质卡套。

规　　格：标识尺寸根据实际调整。

要　　求：文件夹、文件框对应标识名称，定位线与文件框相距2mm~5mm。

示范图解

LOGO
待 处 理

LOGO
处 理 中

LOGO
已 处 理

LOGO
退 回

LOGO
① 班组培训
② 人员考勤
③ 表　单
责任人：XXX

实际案例

4.2.10　抽屉标识

应用对象

工作台面、办公桌面物品。

规范要求

标准类型：建议标准。

材　　料：透明底白色色带、透明底黑色色带、蓝底白字色带。

规　　格：参考尺寸 60mm（长）×24mm（宽）。

要　　求：按抽屉内所存物品类型填写（如办公用品、文件资料、私人物品，私人物品放置下层），统一在抽屉左上角或右上角。

示范图解

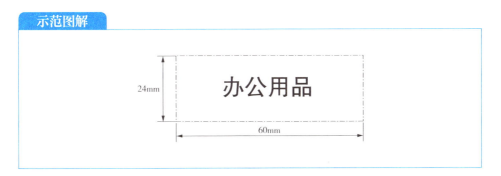

实际案例

4.2.11　抽屉物品定位、标识

应用对象

抽屉、文件柜内部。

规范要求

标准类型：建议标准。

材　　料：PVC、分隔板、标签打印机色带。

规　　格：24mm 黄色色带，PVC 厚度不超 10mm。

内　　容：分隔、分类、物品标识。

实际案例

4.2.12 盆栽标识牌

应用对象

盆栽花卉。

规范要求

标准类型：建议标准。

材　　料：彩色照片打印纸、塑封膜、双面胶。

规　　格：尺寸大小根据花卉大小调节，小盆栽 50mm（长）×100mm（宽），大盆栽 90mm（长）×120mm（宽）。

内　　容：名称、属科、养护简介、责任人和温馨提示，用细竹签插在盆栽土壤中。

示范图解

实际案例

4.2.13　班组交接班站位标示

应用对象

班组交接班站位。

规范要求

标准类型：建议标准。

材　　料：黄色、绿色、蓝红油漆、定位地胶带、广告贴纸、双色板。

规　　格：定位线宽为 100mm，脚印直径为 280mm。

内　　容：定位线、脚印、岗位名称、编号、交接班管理制度。

实际案例

4.2.14 防静电大衣收纳袋

应用对象

防静电服。

规范要求

标准类型：建议标准。

材　　料：收纳袋、标签打印机色带。

规　　格：24mm 色带。

要　　求：干净大衣收纳到专用袋防尘，并醒目标识"已清洗"和尺码，未清洗大衣不入袋。

实际案例

4.3 电器设备管理规范

4.3.1 插座标示

应用对象

存在两种以上不同额定电压、电流区域的插座，不存在误用、错用隐患的插头不用标示。

规范要求

标准类型：强制标准。

材　　料：透明标签打印机色带，220V用透明底黑字，380V用透明底红字。

规　　格：12mm，可根据情况只对380V插座进行标示。

内　　容：额定电压、额定电流、上级开关。

示范图解

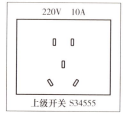

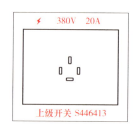

4.3.2　照明开关标示

应用对象

存在两个以上，不容易判断的照明开关。

规范要求

标准类型：强制标准。

材　　料：透明底黑字色带，用标签打印机打印；画示意图、打印、塑封、张贴。

规　　格：24mm、12mm。

要　　求：应明确各开关标识所控制的对象，标注在开关按钮中心位置或四侧。

实际案例

4.3.3　空调开关标示

应用对象

空调开关。

规范要求

标准类型：建议标准。

材　　料：A4 纸过塑，PVC+ 标签用色带。

规　　格：80mm（长）×45mm（宽）。

内　　容：LOGO 、空调编号和名称、部门责任人、温度设定；粘贴于空调开关正上方，所有标签横平、竖直。

示范图解

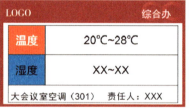

实际案例

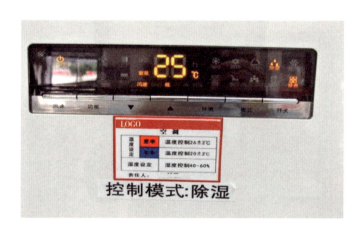

4.3.4 公用电器标示

应用对象

饮水机、打印机、电源箱等。

规范要求

标准类型：建议标准。

材　　料：不干胶纸模版标签、A4 纸过塑，PVC+ 标签用色带。

规　　格：65mm（长）×40mm（宽），可根据区域情况调整大小。

内　　容：名称、资产编号、责任人、报修电话。

示范图解

设备名称：	打印机
设备编号：	BG-ZH-48
责任人：	XX
报修电话：	XXXXXXXXXXX

实际案例

4.3.5　电源线整理标示

设备电源线、数据线等。

规范要求

标准类型：建议标准。

材　　料：魔术贴、塑料扎带、固定扣、线槽、束线管、收纳盒。

规　　格：扎带长为 100mm~150mm，束线管根据实际情况选择规格。

要　　求：电源线用扎带绳捆扎，用束线管整理。

实际案例

4.3.6 电源线标示

应用对象

设备电源线、数据线等。

规范要求

标准类型：建议标准。

材　　料：标签打印机色带。

规　　格：100mm（长）×12mm（宽）。

要　　求：对应管理对象的名称、编号；设备电源线两端距离接口30mm~50mm，围绕电源线对折粘贴。

示范图解

编号+线路名称	线路名称+编号

实际案例

4.4 洗手间管理规范

4.4.1 洗手间整体环境

应用对象

卫生间。

规范要求

标准类型：强制标准。

要　求：

（1）整体：地面干净、整洁，无垃圾、无积水、无杂物；墙面及门窗整洁、完好；天花板无破损、无蜘蛛网；卫生死角无积尘。

（2）水龙头：出水口清洁，无水垢，无锈迹，分别用红、蓝标识注明冷热水方向。

（3）洗手液：无水珠，无灰尘，进行隐形定位，定置放置。

（4）擦手纸、卷纸：及时补充，纸盒表面干净，无灰尘。

（5）洗手盆：台面干净，无水迹，无杂物。

（6）正衣镜：镜面光亮，无灰尘，无手印，无水迹。

（7）小便池：小便池无尿碱、烟头、痰渍；定期消毒，表面无污渍，出水口清洁、无水垢。

（8）卫生间隔间：隔间清洁，无污迹，无杂物，无蜘蛛网；马桶干净，无异物、便渍、水锈，定期消毒；及时补充厕纸及一次性坐垫。

（9）纸篓：定置放置；桶内垃圾不得超过2/3，且无异味，桶内外清洁、无黏附物，无污渍。

（10）清洁用具：公用的扫把、拖把、抹布统一定置；卫生工具摆放整齐，无污迹。

（11）检查表：记录清晰、完整。

4.4.2　洗手间门牌

应用对象

洗手间。

规范要求

标准类型：建议标准。

材　　料：亚克力 UV，钢板烤漆丝印。

规　　格：350mm（长）×350mm（宽），可根据现场统一调整。

内　　容：LOGO、洗手间类别；用颜色目视化，蓝色表示男洗手间，粉红色表示女洗手间。

示范图解

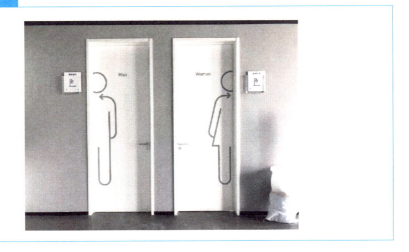

实际案例

4.4.3　卫生间清洁点检看板

卫生间。

标准类型：建议标准。

材　　料：A3、A4 纸、PVC 板、亚克力喷绘。

规　　格：800mm（长）×600mm（宽），检查表为普通 A3、A4 纸，可根据现场情况调整。

内　　容：检查标准、检查流程、责任人、检查记录等。

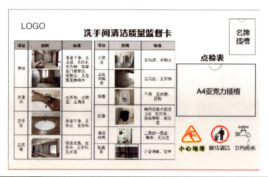

4.4.4　洗手盆标示

应用对象

洗手盆。

规范要求

标准类型：建议标准。

材　　料：PVC 板、亚克力。

规　　格：300mm（长）×120mm（宽），可根据实际场所调整尺寸。

要　　求：节水温馨提示或洗手步骤，有冷热水区分标识。

实际案例

4.4.5 卫生间隔断门标示

卫生间隔断门。

标准类型：建议标准。

材　　料：不锈钢标识、车身贴、亚克力。

规　　格：编号字体高度为70mm，便池类型图标参考尺寸为80mm（长）×
80mm（宽）。

内　　容：编号、便池类型图标、推拉标识。

4.4.6 厕位内配置

应用对象

厕所内部。

规范要求

标准类型：建议标准。

材　　料：亚克力。

规　　格：根据实际情况选定。

内　　容：设纸篓、厕纸盒、搁物板，厕位内台阶边沿贴 10mm 黄色防止踏空警示线，冲水开关处标明"请脚踏冲水"，厕所门内侧贴温馨提示。

实际案例

厕纸处贴 节约用纸提示

搁物板

纸篓、厕纸盒

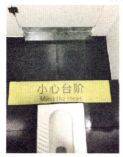

厕位内台阶边沿贴10mm
黄色防止踏空警示线

冲水开关处标明
"请脚踏冲水"

厕位门内侧贴温馨提示

4.4.7　清洁用具标示

清洁用具。

规范要求

标准类型：建议标准。

材　　料：A4、A3纸过彩印塑封，PVC。

规　　格：250mm（长）×100mm（宽），可根据实际情况定尺寸，各区域可采用个性化的设计。

内　　容：区域名称，物品名称、数量。

示范图解

实际案例

4.5　餐厅管理规范

应用对象

餐厅。

规范要求

标准类型：强制标准。

要　　求：

（1）非必要物品及时处理，合理摆放、标识清楚。

（2）餐厅通道、区域线使用 5cm 宽黄色防水反光胶带粘贴。

（3）餐厅环境明快、温馨，保持地面清洁干燥、无水渍，设置必需的安全警示语和温馨提示。

（4）员工持证上岗，健康证在就餐区域的醒目处张贴。

（5）就餐者活动区域有餐饮文化建设、饮食健康等宣传看板。

（6）食物残渣回收处留有足够的距离，防止交叉污染；可回收垃圾与不可回收垃圾存放于不同的区域，定时清理。

（7）每餐后进行就餐区全面清扫，定时检查、抽检，并填写卫生检查表。

实际案例

4.6 宿舍管理规范

应用对象

宿舍。

规范要求

标准类型：建议标准。

要　　求：

（1）床上、衣柜、抽屉和桌面物品保持整齐，各类物品分类、定置和标示。

（2）房间内设置定置图和物品清单。

（3）宿舍楼层设置逃生路线图和消防器材。

（4）宿舍适当装饰，让人感觉温馨、舒适、放松。

实际案例

4.7 学习园地管理规范

学习区域。

标准类型：建议标准。

要　　求：

（1）书本摆放整齐，环境洁净，有学习文化标语、看板。

（2）有不同种类和一定数量的书本，分专业技能、管理知识、哲学等系列，能满足阅读的需求。

（3）书本保存完好，定期更新。

（4）学习园地建设有个性，适当装饰，让人感觉清新、宁静。

（5）学习园地有专人管理，有借阅记录。

4.8 减压区管理规范

应用对象

减压区、运动区。

规范要求

标准类型：建议标准。

要　　求：

（1）环境洁净，有关于运动文化标语、海报。

（2）配置有一定数量的运动器材，能满足运动的需求。

（3）运动器材保养完好，定期维护。

（4）运动区适当装饰，有个性，让人感觉兴奋，有动感、有节奏。

（5）有管理负责人，定期清洁。

实际案例

4.9 门卫室管理规范

4.9.1 门卫室防暴器材

应用对象

防暴器材。

规范要求

标准类型：强制标准。

要　　求：

（1）各类防暴器材均上墙挂好，做到整齐、统一。

（2）用24mm标签打印机色带标注防暴器材名称。

（3）防暴器材使用说明图文并茂，通俗易懂。

（4）有专人管理，防暴器材定期检查。

实际案例

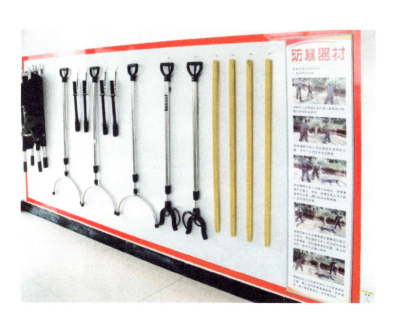

4.9.2 手机放置箱

应用对象

禁止带手机进入区域。

规范要求

标准类型：建议标准。

材　　料：透明亚克力定置箱、广告贴纸、标签打印机色带。

规　　格：箱体标示 24mm，箱内标示 12mm，可根据实际情况调整。

内　　容：区域分隔线、标识、放置流程及注意事项。

实际案例

4.9.3 对讲机、充电器

应用对象

对讲机、充电器等。

规范要求

标准类型：建议标准。

材　　料：PVC 板、亚克力。

规　　格：色带宽为 12mm 或 24mm。

内　　容：物品名称、编号；用 PVC 或亚克力板制作出专用凹槽固定充电器、对讲机等，并贴标识。

实际案例

5
PART

化验室 7S 管理规范

5.1　化验室环境管理规范

应用对象

化验室。

规范要求

标准类型：强制标准。

要　　求：

（1）整体布局合理，环境干净、整洁，无积水，无杂物，物品定位清晰。

（2）试验台面干净、整洁，物品定置摆放，应悬挂化验操作流程。

（3）配置有"必须戴防护眼镜""佩戴防护手套""当心腐蚀""非工作人员不得入内"等警示牌。

（4）化验室应设置洗手池，配置洗眼器，洗手池上方应悬挂"紧急洗眼水"提示标志牌。

（5）化验室设置急救药箱，备有药棉、急救时中和用的溶液等。

（6）试验器皿应"定点、定类、定量"摆放，标识明确。

（7）化学品分类摆放，标识清晰、准确，柜内目录对应，设领用台账。

（8）危险品隔离定置，并按危险品管理制度管理，专用柜有相应的责任人标识。

实际案例

5.2　化验室目视化管理规范

5.2.1　化验室操作规范看板

应用对象

化验室台面设备。

规范要求

标准类型：建议标准。

材　　料：PVC 板、A3 纸、亚克力。

规　　格：A3 纸尺寸大小，可根据墙上空间大小确定。

内　　容：岗位名称、作业步骤、图片、作业标准、注意事项、主要参数。

实际案例

5.2.2　化学品标识

应用对象

化学品。

规范要求

标准类型：强制标准。

材　　料：彩色照片打印纸、塑封膜、双面胶。

规　　格：70mm×45mm，可根据实际情况确定，不同类型化学品分颜色管理。

内　　容：填写品类、名称、浓度、日期、有效期。

示范图解

物品标签（酸类）	
名称	盐酸
浓度	87%
配置日期	2013.09.02
有效期	2014.09.02

物品标签（碱类）	
名称	×××
浓度	87%
配置日期	2013.09.02
有效期	2014.09.02

物品标签（还原剂）	
名称	盐酸
浓度	87%
配置日期	2013.09.02
有效期	2014.09.02

物品标签（氧化剂）	
名称	×××
浓度	87%
配置日期	2013.09.02
有效期	2014.09.02

物品标签（普能药品）	
名称	盐酸
浓度	87%
配置日期	2013.09.02
有效期	2014.09.02

实际案例

5.2.3　台面容具器定位

化学品、容具、工具。

标准类型：建议标准。

材　　料：标签打印机色带、广告贴纸。

规　　格：色带宽为 12mm、24mm，定位线宽度为 10mm。

内　　容：名称、定置线、管理人员等。

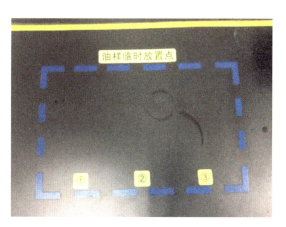

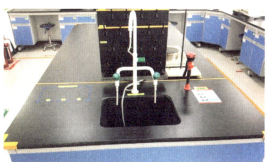

185

5.2.4 实验仪器、仪表管理

应用对象

化验室实验仪器、仪表。

规范要求

标准类型：强制标准。

材　　料：定位线、标签打印机色带。

规　　格：定位线宽度为 10mm，色带为 12mm 或 24mm。

内　　容：设备名称、编号、定置线、点检作业指导书；设备摆放符合"定点、定类、定量"原则。

实际案例

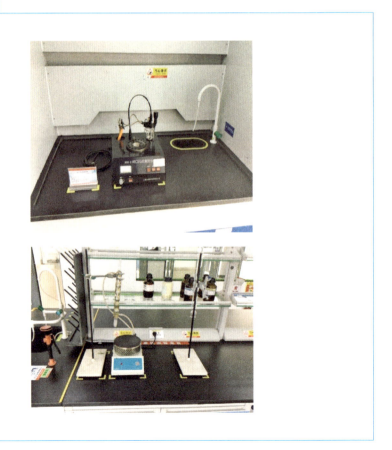

5.2.5 实验工具管理

实验工具。

标准类型：建议标准。

材　　料：EPE 棉／亚克力/PVC、标签打印机色带。

规　　格：定位线宽度为 10mm，色带为 12mm 或 24mm。

内　　容：工具名称、编号、形迹管理。

5.2.6　玻璃容器管理

应用对象

玻璃容器。

规范要求

标准类型：建议标准。

材　　料：广告贴纸、标签打印机色带、亚克力。

规　　格：定位线宽度为 10mm，色带为 12mm 或 24mm。

内　　容：物品名称、编号，玻璃容器专用柜，在瓶底桌面上贴上编码的标识。

实际案例

5.2.7 试剂管理

应用对象

试剂容器。

规范要求

标准类型：建议标准。

材　　料：定位线、标签打印机色带、PVC。

规　　格：定位线宽度为 10mm，色带为 12mm 或 24mm。

内　　容：试剂分类定置，标签内容包括试剂名称、配制人、配制时间，并统一大小及高度；试剂用黄色定位线进行分隔，试剂正前方粘贴标识。

实际案例

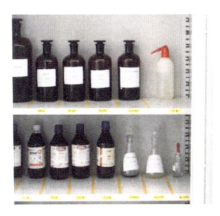

5.2.8　仓库玻璃容器管理

应用对象

仓库玻璃容器。

规范要求

标准类型：建议标准。

材　　料：EPE 棉、反光膜地胶带、标签打印机色带。

规　　格：10mm 定位线、24mm 标签打印机色带。

要　　求：玻璃器具分类定点放置，用定位线分隔；物品名称标识与货架摆放物品相符；玻璃器具保持干净、整洁、完好无破损。

实际案例

5.2.9　回收品管理

应用对象

回收化学品。

规范要求

标准类型：强制标准。

材　　料：定位线、标签打印机色带。

规　　格：定位线宽度 10mm，色带为 12mm 或 24mm。

内　　容：物品名称、日期、管理负责人、回收管理规定、用不同颜色标识不同化学品。

实际案例

5.3　化验室安全管理规范

5.3.1　危险化学品管理

应用对象

危险化学品。

规范要求

标准类型：建议标准。

材　　料：定位胶、标签打印机色带、定置箱。

规　　格：根据实际情况确定。

内　　容：区域名称、危险品名称、警示标识、防护用品、职业危害告
知牌、注意事项等；各危险品要分类、分隔，定置横平、竖直。

实际案例

5.3.2 通风柜标示

应用对象

通风柜。

规范要求

标准类型：建议标准。

材　　料：黄黑警示线、安全警示标志。

规　　格：50mm/100mm 黄黑警示线，警示标志尺寸根据实际情况确定。

内　　容：防撞警示、安全注意事例、警示标志。

实际案例

5.3.3 洗眼器标示

应用对象

洗眼器。

规范要求

标准类型：强制标准。

材　　料：车贴、标签打印机色带。

规　　格：根据实际情况确定。

内　　容：名称、操作方法图文并茂。

实际案例

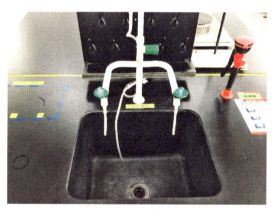

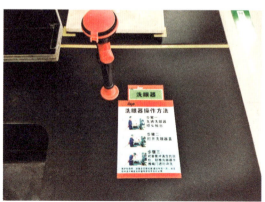

6
PART

7S

仓库区域 7S 管理规范

6.1 仓库整体管理规范

6.1.1 仓库整体环境

应用对象

各种工具、器材类。

规范要求

标准类型：强制标准。

要　　求：

（1）各物资、备品备件干净整洁，无油污、生锈。

（2）物资定期管理，状态可用。

（3）按类别、功能划分区域，标识清晰，定量管理，明确责任人。

（4）精密仪器、仪表、量具应保存在规定温度范围内，同时做好防护措施。

（5）物资入库要进行验收，分类存放上架，并做好记录。

（6）不合格物资应明确标识，隔离放置。

（7）物资按"四号"（库号、架号、层号、位号）定位原则定位，摆放合理。

（8）在收、发料后，调整物料卡和台账上的库存数量。

实际案例

6.1.2　仓库布局图

应用对象

所有仓库。

规范要求

标准类型：建议标准。

材　　料：PVC、亚克力。

规　　格：1200mm（长）×900mm（宽），可根据墙上空间大小确定。

内　　容：仓库平面图、物料分区、不合格品区、待检区、合格品区、货架号等信息。

实际案例

6.2 仓库目视化管理规范

6.2.1 货架定位

应用对象

各种工具、器材类。

规范要求

标准类型：建议标准。

材　　料：耐磨地胶带、黄色路标漆。

规　　格：线宽为 50mm，内边线与物品间距为 10mm~20mm。

要　　求：货架外侧用实线定位，内侧用四角定位。

示范图解

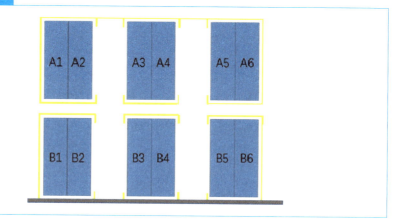

实际案例

6.2.2 货架标牌

应用对象

各种工具、器材类。

规范要求

标准类型：建议标准。

材　　料：亚克力、PVC。

规　　格：可根据货架尺寸调整。

内　　容：企业 LOGO、货架名称、各层分类名称和物品照片。

实际案例

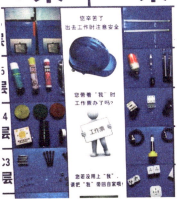

6.2.3　货架层别标示

应用对象

货架。

规范要求

标准类型：建议标准。

材　　料：PVC、亚克力、磁性条 + 黄底黑字色带。

规　　格：可根据货架横梁厚度调整。

内　　容：层别编号。

实际案例

6.2.4　货架物品摆放

应用对象

物资、工具、备件等。

规范要求

标准类型：建议标准。

材　　料：A5 纸张、物料标识牌。

规　　格：存卡长宽参考 A5 尺寸。

内　　容：库名、库位、物质名称、规格型号、数量、计量单位，存卡信息与物品标识卡信息对应。

实际案例

6.2.5 消耗性物资标示

应用对象

消耗性物资。

规范要求

标准类型：建议标准。

材　　料：A4 纸装订（台账）、磁性标签。

规　　格：可根据货架横梁厚度调整。

内　　容：库位、物资名称、规格型号、编码、仓库定额等。

示范图解

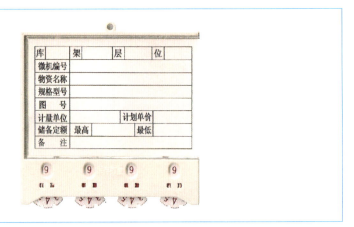

实际案例

6.2.6 非消耗类物品标示

应用对象

非消耗性物资。

规范要求

标准类型：建议标准。

材　　料：广告贴纸、标签打印机标签。

规　　格：24mm 黄底黑字色带，可根据货架横梁厚度调整。

内　　容：物资名称、规格型号、数量等，物品标示与货架标示一一对应。

实际案例

6.2.7　先进先出目视化

应用对象

仓库物资、设备、备品备件等。

规范要求

标准类型：建议标准。

材　　料：磁性贴、色带、广告贴纸。

规　　格：标示牌尺寸为 120mm（长）×24mm（宽）。

要　　求："先进""先出"（FIFO）标识。

方法 1：所有物品排序整齐，按从里侧或左侧补货，从外侧或右侧领取的原则。

方法 2：容易出现过期、变质的物品，在货架与物品对应的位置粘贴"先进""先出"标识。

实际案例

6.2.8 五五堆放法

应用对象

重点物资。

规范要求

标准类型：建议标准。

材　　料：广告贴纸、标签打印机标签。

规　　格：分隔线宽为 10mm，色带宽为 12mm、24mm。

要　　求：数量超过一定数量时，按一定数量分组堆放，一般 5 个或 10 个一组，方便数量管理；要横平、竖直、整齐放置；领用补充要考虑先进先出。

实际案例

6.2.9 数量管理目视化

应用对象

重点物资、损耗快的物资。

规范要求

标准类型：建议标准。

材　　料：黄、红、绿灯广告贴纸，标签打印机标签。

规　　格：分隔线宽为 10mm，色带宽 12mm、24mm。

内　　容：用绿色表示库存量在正常范围，黄色表示警示范围，红色表示危险范围；定位标识尺寸根据物资特点调整；要横平、竖直，整齐放置；领用补充要考虑先进先出。

实际案例

6.3　应急物资仓管理规范

应用对象

各种工具、器材类。

规范要求

标准类型：强制标准。

要　　求：

（1）设置有应急救援物资清单，确保应急物资种类、数量满足应急救灾的需要；

（2）明确具体管理人员，物资分类存放、标识明显、摆放整齐、数量准确、账物相符；

（3）应急物资定期保养、维护，并做好登记，发现应急物资损坏、破损以及功能达不到要求的，要及时进行更换；

（4）根据不同物资特点，采用不同定置方法，追求响应时间最短。

实际案例

6.4 样品仓管理规范

样品。

规范要求

标准类型： 强制标准。

要　　求：

（1）存样室有管理要求，储存环境应符合要求。

（2）明确具体管理人员，定期保养、维护、清理，并做好登记。

（3）样品分区分类，按时间、编号分别摆放，并填写存样记录；各样品有明确的保存期限。

实际案例

7
PART

7S 管理制度

7.1 7S管理项目实施办法

1. 目的

统一全员开展7S管理活动的思想和行动，倡导和鼓励员工在7S现场活动中努力创优秀、争先进。

2. 适用范围

本公司各部门及全体员工。

3. 方针和目标

（1）推进方针：精细、精心、精益。

（2）推进目标：

1）优化工作场所，提高生产效率；

2）创造舒适、安全的工作环境；

3）提高员工素质，增强客户信心；

4）确保产品质量，提高服务水平。

4. 组织架构和职责

公司成立"7S管理推进领导小组"，由领导组成员、立正顾问机构、推进办公室、部门负责人、7S区域负责人、7S督导师组成。各部门负责人是本部门责任区域7S管理推进工作的第一责任人。

（1）领导组成员职责：

1）协助推行办协调、调动和配套项目需求资源；

2）领导项目的发展方向；

3）项目验收、发表的评价；

4）阶段成果验收。

（2）立正顾问机构职责：

1）实施规划辅导；

2）思路、路径讲解；

3）工具、方法培训；

4）现场实施辅导，提出提升建议；

5）疑点、难点、问题点辅导。

（3）推进办公室职责：

1）管理和奖罚制度的制定与落实；

2）进度跟进、问题协调；

3）确认、跟进各创建区域的执行与效果（及时、正确）；

4）各区域实施进度、效果整体把控。

（4）部门负责人职责：

1）部门 7S 工作的整体协调；

2）相关人员、物资的协调。

（5）7S 区域负责人职责：

1）全面负责样板区域的具体实施和推进；

2）召集项目内成员进行培训，分配项目工作；

3）编制样板区域改善规划；

4）改善实施、效果的监控。

（6）7S 督导师职责：

1）负责所负责区域实施的技术指导、培训；

2）编制区域改善规划；

3）方案实施效果的监控；

4）现场标准规范的制定、完善。

5. 考核和评比

（1）本办法前期加强活动预计从 20×× 年 ×× 月开始，施行 6 个 ~12 个月。后续推进活动可参照或修订本制度施行。

（2）为保证 7S 工作的有效推进，培养团队精神，以部门 / 区域为单位开展竞赛活动。

（3）划分各部门之间的责任区域。

（4）由各区域指定主管对责任区域推进效率负责。

（5）考虑各部门/区域的差异性，进行评比考核时设定适当的加权系数予以修正。

（6）由公司推进委员会组成评委团加以评比考核，评分表单由推进办公室负责收集并计算成绩。

（7）评比考核结果由推进委员会公布并实施奖惩。

（8）评比考核中的重大缺点于公司宣传栏公示，各部门/区域应依照改进。

6. 匾牌与奖金颁发

（1）各评比项目优胜者，由公司领导颁发匾牌/锦旗和奖金（另行研究）。匾牌或锦旗必须悬挂在部门/区域的明显位置，奖金原则上作为部门基金，按员工贡献大小分配。

（2）各评比项目排名末位者，由公司作出罚款处理，罚款在相关责任人工资中扣除，其中部门负责人和具体推进者分别占总扣款数15%和10%。

（3）评比项目成绩均未达到80分时，参评单位不作奖励；评比项目成绩均超过80分时，不处罚排名末位者。

7. 评比项目

（1）样板区的激励方案：

第一名	第二名	第三名	通过验收	未通过验收
1200元	1000元	800元	500元	通报批评

样板区成绩代表部门/区域成绩，在验收时进行激励，项目负责人占总奖金15%，其余自行分配。为消除样板区差异，设定加权系数（另行研究）予以修正。

（2）最终评比的激励方案：

1）最终评比以区域为单位，分为办公、生产、后勤三类型，每一类型内各个区域设定适当加权系数进行评比（各类型区域另行研究）。对优胜者予以奖金激励，对排名末位者予以处罚以作警示和鞭策。

2）奖金 / 罚款总额，与该区域在编员工人数挂钩。考核结果直接与区域负责人挂钩，负责人占奖金 / 罚款总额的 15%。

第一名	第二名	第三名	倒数第一名 / 第二名
80 元 / 人	60 元 / 人	40 元 / 人	通报批评

3）各类型奖励 / 处罚名次如下：

类型	第一名	第二名	第三名	排名末位
办公	1	1	2	1
生产	2	2	3	2
后勤	1	1	2	1

（3）单项奖项：单项奖励在项目完成时进行。

序号	奖项名称	奖励对象	奖励数量	奖金（元）
1	最佳组织奖	各部门 / 区域	1	800
2	最佳创意奖	个人	5	300
3	最佳看板奖	部门 / 区域、每月一次	3	200
4	优秀督导师	个人	5	300
5	进步奖	部门 / 区域	2	500
6	先进个人	各部门 / 区域的个人	10	150

（4）其他激励：

1）推行月度激励：每月对各部门 / 区域推行状况进行评比，以作业完成率及会议出勤率为评比依据，对前两名进行奖励，对排名末位进行处罚。

序号	名次	激励金额
1	第一名	奖励 500 元
2	第二名	奖励 300 元
3	最后一名	通报批评

2）实时激励：由各部门推荐，推进委员会决定，每月对推进过程的优秀员工，实时即时激励。

序号	项目	激励金额	名额
1	好的方法、创意奖获接受并施行	一级：100 元	1 个
		二级：50 元	2 个
2	7S 推进积极分子	一级：100 元	1 个
		二级：80 元	2 个
		三级：50 元	3 个

8. 评分办法

各部门 / 区域的考核，以评委团评分计算方法进行，评分结果由各项工作分数和加权系数组成。

（1）各项工作分数比重：

序号	考核内容	考核依据	权重
1	准时参加各种会议	会议记录、出勤率	$A=5\%$
2	准时参加各种培训、评比及考核	培训记录、出勤率	$B=5\%$
3	按质按量按时完成各项作业内容	现场改善备忘表、完成率	$C=10\%$
4	7S 考核评比得分	评分表	$D=80\%$

（2）加权系数：

1）各部门 / 区域之间 7S 开展难度和实际状况存在差距，为客观、公正考

核各部门 / 区域在 7S 工作的投入和效果，设定加权系数。

2）7S 推进办公室召集，各部门 / 区域负责人参加，根据各部门 / 区域的人数、面积、人员素质、硬件配置等差异确定加权系数，并予以公布。各部门 / 区域实际状况发生变化时，加权系数应作修正。

（3）计算公式为

考核得分 =（出勤率 $\times A$+ 出勤率 $\times B$+ 完成率 $\times C$）$\times 100$+ 评比得分 $\times$
　　　加权系数 $\times D$

9. 附则

（1）本制度由 7S 推进委员会制定，报总经理批准后实施。

（2）本制度由 7S 推进委员会负责解释。未尽事宜随时修正并予以公布。

（3）本制度自 20×× 年 ×× 月 ×× 日起实施。

7.2 7S 管理考核及竞赛办法

1. 目的

进行"7S"活动评比的目的在于鼓励先进，鞭策后进，形成全面推进的良好气氛，树立公司的良好形象。

2. 范围

公司分为三类现场（见附件）进行评比，公共地方按属地原则列入相关部门：

（1）一类现场：××区域、××区域、××区域、××区域……

（2）二类现场：化验室、备件仓、成品仓……

（3）三类现场：行政办公区域，包括人力资源部、营销部、外贸部、财务部……

3. 评比细则

（1）评比以区域/部门为单位（试行阶段以 7S 样本区为主）。

（2）评分小组由 7S 推进办公室（简称推进办）组织，明确小组组长。小组评委由督导师、部门 7S 负责人和推进办成员组成。评比时，每组 6 人以上，共 3 组进行评比，得分取平均分（去除最高分、最低分）。

（3）检查中，评分委员根据评分标准，将发现的问题点记录于 7S 改善备忘录，并由组长签名确认，各部门根据备忘录的内容改善。

（4）检查周期为每月 1 次，评委依据 7S 评分标准及评分表到各区域检查评分，评分力求客观、公正；各评比组必须于评比的当天将评分表交到推进办进行统计，并由推进办公布成绩。

（5）每月第一周对上月的结果进行公布和奖励。第一名发给红色流动锦旗和奖金，第二名发资金，最后一名发给"最需努力"黄色流动锦旗和罚款。

4. 评分方法

在 7S 活动中，评分要准备的道具如下：

（1）评分用文件夹板。

（2）评分标准（贴在夹板封面内页）。

（3）评分记录表（夹于夹板上）。

（4）分3个区域进行，每区域评委6人以上，一人记录问题，一人拍照，评委各自打分，打完分后，要汇合分数。

在考核中，先检查到问题点，然后参考"评分标准"，再填写"7S评分表"。

5. 评分标准

评分标准包括生产作业区评分标准、仓库评分标准、实验室评分标准、办公区评分标准、公共环境区评分标准。

6. 分数计算方法

总评分 = 分项得分 /（分项满分值 - 分项不适用分值）× 100%

7. 奖励方案

类别	第 一 名	第 二 名	第三名	最后一名
一类现场	600 元 + 流动红旗	400 元	200 元	流动黄旗
二类现场	600 元 + 流动红旗	—	—	流动黄旗
三类现场	600 元 + 流动红旗	400 元	—	流动黄旗

8. 其他说明

（1）锦旗为流动锦旗，所颁锦旗于当月底收回。

（2）所颁发的锦旗必须悬挂于指定的显眼位置。

（3）连续3个月获第一名，颁发荣誉奖。

（4）成绩均未达到85分时，第一、二名不颁发奖金。

（5）所颁发奖金不得平分，必须用作集体活动或部门建设基金。

（6）7S活动的成绩列为工作绩效考核项目的一项内容。

9. 申诉制度

（1）对7S的评分若有任何认为与实际情况不符或不合理的情况，可填写"7S申诉表"交7S推进办。

（2）申诉人填写"7S申诉表"前必须确定核对最新的检查标准，并且与该评分委员协调过。

附件　7S 小组及相关责任区域的划分

一类现场 7S 分组汇总表

序号	部门	7S 小组名称	区域	组长	督导师
1					
2					
3					
4					
5					
6					
7					
8					
9					

二类现场 7S 分组汇总表

序号	部门	7S 小组名称	区域	组长	督导师
1					
2					
3					

三类现场 7S 分组汇总表

序号	部门	7S 小组名称	区域	组长	督导师
1					
2					
3					
4					

公共卫生区 7S 分组汇总表

序号	部门	7S 小组名称	区域	组长	督导师
1					
2					
3					

7.3　作业区 7S 管理评分标准

作业区 7S 管理评分标准

项目		序号	标准内容	分值	备注
1. 场所	1.1 地面、作业平台	1.1.1	地面物品摆放有定位、标识、合理的容器	1.5	
		1.1.2	地面应无污染（积水、油污、油漆等），有特殊要求的除外	1.5	
		1.1.3	地面应无不要物、杂物和卫生死角	1.5	
		1.1.4	地面区域划分合理，标识清晰	1.5	
		1.1.5	地面井盖标识清晰，写明用途	1.5	
		1.1.6	埋地电缆要有走向标识	1.5	
		1.1.7	应保证物品存放于定位区域内，无偏离定位线	1.5	
		1.1.8	安全警示区划分清晰，有明显警示标志，悬挂符合规定	1.5	
		1.1.9	地面的安全隐患处（凸出物、地坑等）应有防范或警示措施	1.5	
	1.2 通道	1.2.1	巡检、逃生标识清晰	1.5	
		1.2.2	通道划分明确，保持通畅，无障碍物，不占道作业	1.5	
		1.2.3	两侧物品不超过通道线	1.5	
		1.2.4	占用通道的工具、物品应及时清理或移走，临时占道需有标识	1.5	
		1.2.5	通道线及标识保持清晰、完整	1.5	
	1.3 暂放物	1.3.1	不在暂放区的暂放物需有暂放标识	1.5	

项目		序号	标准内容	分值	备注
1. 场所	1.3 暂放物	1.3.2	暂放区应有明显的标识	1.5	
		1.3.3	暂放区的暂放物应摆放整齐、干净	1.5	
	1.4 护栏、管道、踏梯	1.4.1	无破损、脱色	1.5	
		1.4.2	踏梯有防踏空线、防滑措施	1.5	
		1.4.3	保持干净，没有剥落及不要物，无蜘蛛网、积尘	1.5	
		1.4.4	贴挂的标识应整齐、合理	1.5	
		1.4.5	管道及其分支、设备进出口处和跨越站场边界处应刷字样和箭头	1.5	
		1.4.6	站内埋地管道在入地前和出地后要有相应的文字描述对应	1.5	
		1.4.7	不同管线，如污油线、泄压线、回注线、进库流程等要标识清楚	1.5	
		1.4.8	管道颜色、标识、介质流向清晰，符合规定	1.5	
2. 设备、电器、工具	2.1 储存罐、设备、仪表、工具、电器、开关	2.1.1	开关、仪表的参数标识清晰，控制对象明确	1.5	
		2.1.2	储存罐、设备保持干净、整洁，无多余物	1.5	
		2.1.3	设备基座涂黄黑标识	1.5	
		2.1.4	泵机组等危险部位有警示标识和防护措施	1.5	
		2.1.5	输泵联轴器保护罩上有转向箭头	1.5	
		2.1.6	压力表贴色环线，区分压力表运行正常、警戒、危险	1.5	
		2.1.7	泵操作柱启停标识清楚	1.5	
		2.1.8	设备远程、就地控制方式标识清楚	1.5	
		2.1.9	设备区域划分清晰	1.5	
		2.1.10	设备地脚螺栓标识清晰	1.5	

续表

项目		序号	标准内容	分值	备注
2.设备、电器、工具	2.1 储存罐、设备、仪表、工具、电器、开关	2.1.11	储存罐、设备明确责任人员，坚持日常点检，有必要的记录，确保记录清晰、正确	1.5	
		2.1.12	应保证处于正常使用状态，非正常状态应有明显标识（如检修时需有警示标识）	1.5	
		2.1.13	工具、容器、仪表等区内辅助物品干净、清晰，定位摆放整齐，无多余物	1.5	
		2.1.14	阀门开关状态清晰	1.5	
		2.1.15	阀门标识清晰，控制对象明确	1.5	
		2.1.16	设备状态牌清楚	1.5	
		2.1.17	生产区、罐区安全标志牌清楚	1.5	
		2.1.18	设备设施易撞部门有防撞标识	1.5	
	2.2 电源线、接地线、照明开关、路灯	2.2.1	照明开关标识清晰	1.5	
		2.2.2	站场路灯编号准确，排序合理	1.5	
		2.2.3	静电接地线按标准颜色涂刷	1.5	
		2.2.4	电源线、接地线固定得当，有防火防爆装置	1.5	
		2.2.5	管线整齐、布局合理，保持清洁，无灰尘、污垢	1.5	
		2.2.6	废弃管线及时清除	1.5	
	2.3 工具箱、柜，工具放置区	2.3.1	标识明确，与分类对应	1.5	
		2.3.2	分类摆放，明确品名、规格、数量	1.5	
		2.3.3	有合理的容器和摆放方式	1.5	
		2.3.4	各类工具应保持完好、清洁，保证使用性	1.5	
		2.3.5	各类工具使用后及时归位	1.5	
	2.4 看板	2.4.1	有逃生线路图、平面布置图	1.5	

续表

项目		序号	标准内容	分值	备注
2.设备、电器、工具	2.4 看板	2.4.2	有巡检路线图、巡检内容、重要参数目视化看板	1.5	
3. 清洁用品		3.1	清洁用具本身干净、整洁	1.5	
		3.2	清洁用具用品定位摆放，标识明确	1.5	
		3.3	垃圾不超出容器口	1.5	
		3.4	垃圾桶按规定场所放置，实施垃圾分类管理，标识明确	1.5	
		3.5	抹布等应定位，不可直接挂在管线、设备上	1.5	
4. 消防设施	4.1 消防器材	4.1.1	摆放位置明显，标识清楚，有操作指引	1.5	
		4.1.2	位置设置合理，有红色警示线，线内无障碍物	1.5	
		4.1.3	状态完好，按要求摆放，干净整齐	1.5	
		4.1.4	有责任人及定期点检	1.5	
	4.2 消防管道		消防管道弯头和穿墙处标识管道内介质及去向	1.5	
5. 规范	5.1 着装及劳保用品	5.1.1	工衣、安全帽等明确定位，整齐摆放，分类标识	1.5	
		5.1.2	按规定穿戴工作服、安全帽等防护用品	1.5	
		5.1.3	穿戴着装整齐、整洁	1.5	
	5.2 行为规范	5.2.1	工作场所衣物、私人用品有规定位置放置	1.5	
		5.2.2	无聚集闲谈、吃零食和大声喧哗	1.5	
		5.2.3	不带违禁物品进区域	1.5	
	5.3 规章制度	5.3.1	工作区域的责任人划分清楚，无不明责任的区域，有定置图/布局图	1.5	

续表

项目		序号	标准内容	分值	备注
5.规范	5.3 规章制度	5.3.2	区域清扫责任表和点检表要按时、准确填写，不超前、不落后，保证与实际情况相符	1.5	
		5.3.3	单位建立经常性的晨会制度，班组每天一次，每周至少一次，要有记录	1.5	
		5.3.4	按《员工手册》教育职工，要求员工待人有礼有节，不说脏话，做文明礼貌人	1.5	
6.加减分		6.1	同一问题多次出现，重复扣分	5	
		6.2	发现未实施整理整顿清扫的"实施整理整顿的死角处"，每1处扣1分	5	
		6.3	推行办日常开具的整改项目完成率要达到85%以上；完成率未达到95%，扣2分	2	
		6.4	有创意的好方法（内容包括节能降耗、品质、成本、效率方面的改善），视情况加1分~5分	5	
总分					

7.4 化验室 7S 管理评分标准

化验室 7S 管理评分标准

项目		序号	标准内容	分值	备注
1. 场所	1.1 地面	1.1.1	地面物品摆放有定位、标识、合理的容器	1.5	
		1.1.2	地面应无污染（积水、油污、油漆等），有特殊要求的除外	1.5	
		1.1.3	地面应无不要物、杂物和卫生死角	1.5	
		1.1.4	地面区域划分合理，标识清晰	1.5	
		1.1.5	应保证物品存放于定位区域内，无偏离定位线	1.5	
		1.1.6	安全警示区划分清晰，有明显警示标识，悬挂符合规定	1.5	
		1.1.7	地面的安全隐患处（凸出物、地坑等）应有防范或警示措施	1.5	
		1.1.8	垃圾桶本身保持干净，垃圾不超出容器口	1.5	
	1.2 通道		占用通道的工具、物品应及时清理或移走，临时占道需有标识	1.5	
	1.3 暂放物	1.3.1	不在暂放区的暂放物需有暂放标识	1.5	
		1.3.2	暂放区的暂放物应摆放整齐、干净	1.5	
	1.4 墙身、门窗	1.4.1	门窗无破损，主要区域和房间应有标识、门牌、相关警示标识	1.5	
		1.4.2	墙体没有剥落，无蜘蛛网、积尘	1.5	
		1.4.3	贴挂墙身的各种物品应整齐合理，表单通知归入公告栏	1.5	
		1.4.4	墙体保持干净，无不要物（如过期标语、封条等）	1.5	

续表

项目		序号	标准内容	分值	备注
2.电器、设备、工具、电灯、开关、管线	2.1 电器、设备、工具、电灯、开关	2.1.1	开关、仪表，标识清晰，控制对象明确	1.5	
		2.1.2	电器和设备保持干净、整洁，无多余物	1.5	
		2.1.3	明确责任人员，坚持日常点检，有必要的记录，确保记录清晰、正确	1.5	
		2.1.4	应保证处于正常使用状态，非正常状态应有明显标识（如检修时需有警示标识）	1.5	
		2.1.5	工具、容器、仪表等区内辅助物品等干净、清晰，定位摆放整齐，无多余物	1.5	
		2.1.6	仪表参数标识清晰，主要参数目视化（正常、异常范围清晰）	1.5	
		2.1.7	危险部位有警示和防护措施	1.5	
	2.2 电源线、地线	2.2.1	电源线、地线固定得当，有防火防爆装置	1.5	
		2.2.2	管线整齐、布局合理，保持清洁，无灰尘、污垢	1.5	
		2.2.3	灯具、开关、插座完好，符合整体防爆要求	1.5	
	2.3 柜、工具放置区	2.3.1	标识明确，与分类对应	1.5	
		2.3.2	分类摆放，明确品名、规格、数量	1.5	
		2.3.3	有合理的容器和摆放方式	1.5	
		2.3.4	各类工具应保持完好、清洁，保证使用性	1.5	
		2.3.5	各类工具使用后及时归位	1.5	
	2.4 看板		主要实验和设备，有操作方法、步骤、注意事项、主要参数标准限度等目视化内容	1.5	
3.用具	3.1 工作、化验台面	3.1.1	现场桌面无杂物、报纸杂志	1.5	
		3.1.2	物品要分类分区摆放、有明确位置、不拥挤凌乱，取用便捷	1.5	

续表

项目		序号	标准内容	分值	备注
3. 用具	3.1 工作、化验台面	3.1.3	桌面干净，无明显破损	1.5	
		3.1.4	桌面化验用品的摆放保持在当日所需最低限量内	1.5	
		3.1.5	不得存放个人用品，个人用品放于规定场所	1.5	
		3.1.6	不存放涉密载体和过期失效文件	1.5	
	3.2 凳、椅	3.2.1	保持正常状态并整洁、干净	1.5	
		3.2.2	非工作状态时按规定位置摆放（归位）	1.5	
	3.3 清洁用具、清洁车	3.3.1	清洁用具本身干净、整洁	1.5	
		3.3.2	清洁用具用品定位摆放，标识明确	1.5	
		3.3.3	垃圾不超出容器口	1.5	
		3.3.4	垃圾桶按规定场所放置	1.5	
		3.3.5	抹布等应定位，不可直接挂在管线、设备上	1.5	
4. 消防设施		4.1	摆放位置明显，标识清楚，有操作指引	1.5	
		4.2	位置设置合理，有红色警示线，线内无障碍物	1.5	
		4.3	状态完好，按要求摆放，干净整齐	1.5	
		4.4	有责任人及定期点检	1.5	
5. 药品、化学品		5.1	各种药品和化学品分类区分、放置、有标识、注意事项、危险因素等	1.5	
		5.2	废液放于废液区，并有明显的标识，分类集中存放，并有相关处理记录及台账	1.5	
		5.3	药品、化学品上无积尘、杂物、脏污	1.5	
		5.4	无长期不用的药品和化学品，特殊情况如需存放要有明确标识、明确责任人，并定期清扫	1.5	
		5.5	药品柜和化学品柜要有标识、责任人，柜内物品要有标杆，与物品对应	1.5	

续表

项目	序号	标准内容	分值	备注
6. 文件柜、文件、记录	6.1	文件柜分类、有标识	1.5	
	6.2	文件夹分类、有目录、有编号、有标识	1.5	
	6.3	文件有标识、有编号，与文件夹目录对应	1.5	
	6.4	文件柜有管理责任人，定期整理，使用的文件和记录无过期现象	1.5	
7. 规范	7.1 着装及劳保用品	7.1.1	按规定穿戴工作服、安全帽等防护用品	1.5	
		7.1.2	穿戴着装整齐、整洁	1.5	
	7.2 行为规范	7.2.1	工作场所衣物、私人用品有规定位置放置	1.5	
		7.2.2	无聚集闲谈、吃零食和大声喧哗	1.5	
		7.2.3	不吸烟，不乱丢烟头，不带违禁物品进区域	1.5	
	7.3 规章制度	7.3.1	工作区域的责任人划分清楚，无不明责任的区域，有定置图	1.5	
		7.3.2	区域清扫责任表和点检表要按时、准确填写，不超前、不落后，保证与实际情况相符	1.5	
		7.3.3	按《员工手册》教育职工，要求员工待人有礼有节，不说脏话，做文明礼貌人	1.5	
8. 加减分	8.1	同一问题多次出现，重复扣分	5	
	8.2	发现未实施整理整顿清扫的"实施整理整顿的死角处"，每 1 处扣 1 分	5	
	8.3	7S 检查问题整改完成率要达到 85% 以上；完成率未达到 95%，扣 2 分	2	
	8.4	样品间单独设置，通风良好，加 1 分	1	
	8.5	有创意的好方法（内容包括节能降耗、品质、成本、效率方面的改善），视情况加 1 分 ~5 分	5	
总分				

7.5 仓库、工具房 7S 管理评分标准

仓房、工具房 7S 管理评分标准

项目	序号	标准内容	分值	备注
1. 室内地面	1.1	地面有高差的地方应有明显的防绊提示且标准统一	1.5	
	1.2	地面无破损、坑洼、老鼠洞、动物尸体和动物粪便	1.5	
	1.3	地面无积水、积灰、油渍	1.5	
	1.4	地面无纸张、碎屑、烟蒂、痰迹及其他杂物	1.5	
2. 墙面	2.1	墙身无破损、脱落、开裂、倾斜、渗水、脱漆、霉斑	1.5	
	2.2	墙面保持干净，无蜘蛛网、积尘	1.5	
	2.3	墙面无乱涂、乱画、乱贴、手脚印，无陈旧标语痕迹	1.5	
	2.4	库房管理制度上墙	1.5	
3. 通道	3.1	通道划分明确，保持通畅，无障碍物，不占道作业	1.5	
	3.2	两侧物品不超过通道线	1.5	
	3.3	通道线及标识保持清晰、完整，无破损	1.5	
	3.4	应急通道指示醒目，无堵塞	1.5	
4. 区域划分	4.1	仓库和工具间内有明显的区域划分，应急装备及物资应摆放在独立区域	1.5	
	4.2	区域按使用类别划分，如备品备件、工器具、日常材料等	1.5	
	4.3	区域线清晰可见，有明确的区域说明	1.5	
	4.4	物架存放区域应采取分区、分架、分层划分，有相应的区域指示，查找快捷	1.5	
	4.5	危险化学物品区域应有特定存放要求	1.5	
	4.6	各区域应配置物资台账清单，放在货架或库房办公桌明显位置	1.5	

续表

项目	序号	标准内容	分值	备注
5. 办公设施	5.1	饮水机、空调、计算机、打印机、传真机、碎纸机等保证正常状态，有异常时必须做明显标识	1.5	
	5.2	办公设施本身保持干净，明确责任人	1.5	
	5.3	办公设备使用有必要的温馨提示，比如空调有明显的环保要求，饮水机有小心烫手等提示	1.5	
	5.4	办公电话有明确定位，有明确本机号码标注	1.5	
	5.5	对于存放环境有特殊要求的备件、设备、工器具、物资等，要保证存放温度、湿度、光线、空气粉尘颗粒度等要求	1.5	
6. 门窗	6.1	门窗玻璃保持干净、明亮，玻璃无损坏	1.5	
	6.2	窗台上无杂物（除盆栽）摆放	1.5	
	6.3	门窗、窗帘保持干净	1.5	
	6.4	门窗玻璃无乱贴现象	1.5	
	6.5	有明显的防撞标识，比如防撞线、轨迹线等	1.5	
	6.6	门上有明显的推、拉、开关等标识	1.5	
	6.7	房间门栏有明显的防绊提示	1.5	
	6.8	门窗机构完好，无损坏、变形和锈蚀	1.5	
	6.9	门禁系统正常，门禁开关有明确提示	1.5	
	6.10	库房通风良好	1.5	
7. 天花板	7.1	保持干净、无脏污	1.5	
	7.2	没有无关悬挂物	1.5	
	7.3	照明设施完好，灯罩内无积灰和破损	1.5	
	7.4	天花板无渗漏	1.5	
	7.5	天花板无脱落、掉漆	1.5	
	7.6	天花板与墙角无蜘蛛网	1.5	

续表

项目	序号	标准内容	分值	备注
7. 天花板	7.7	对于有航吊的仓库要定期对行吊进行保养，按国家规定进行定期检测	1.5	
8. 物资管理	8.1	物资分类摆放整齐，如备品备件房、工器具房、应急物资房	1.5	
	8.2	物资摆放定位规范，有明显的空间分区和隔离	1.5	
	8.3	物资摆放采取分层、分结构式摆放，比如采取库位－架位－层位－货位等方式	1.5	
	8.4	标识要整齐、准确、无遗漏（名称、规格、单位、数量、用途）	1.5	
	8.5	保持物资无积灰、无锈蚀，金属件做了防锈润滑保养	1.5	
	8.6	在收、发料后及时调整标识牌的库存数量	1.5	
	8.7	物资摆放有目视化管理，做到定量管理和提示	1.5	
	8.8	物资摆放应充分考虑环境因素，比如大件物品摆放靠近出口和通道处，便于取放	1.5	
	8.9	按规定控制环境温湿度，配置温湿度计	1.5	
	8.10	应急物资定期保养、维护	1.5	
	8.11	若应急物资出现故障损坏，要在 7 个工作日内落实处理措施；应急物资要落实保养责任人	1.5	
	8.12	出入库及时登记，确保库内物资使用状态，做到出入有登记	1.5	
	8.13	明确物资出入库房管理程序，对管理处配置或站场自行采购的备件和工器具等，由兼职管理人员做好验收货登记	1.5	
	8.14	开展月度实物盘点制，做好备件申请领用和工器具补充计划，更新月度库存数据	1.5	

续表

项目	序号	标准内容	分值	备注
9. 开关、配电箱	9.1	开关、控制面板标识清晰，控制对象明确	1.5	
	9.2	设备保持干净，定位摆放整齐，无多余物	1.5	
	9.3	设备明确责任人员，坚持日常点检，有必要的记录	1.5	
	9.4	应保证处于正常使用状态，非正常状态应有明显标识	1.5	
	9.5	合理布线，集束整理	1.5	
	9.6	配电箱有明确、统一的标识标牌	1.5	
10. 箱柜	10.1	柜面标识明确，与柜内分类对应	1.5	
	10.2	柜内物品分类摆放，明确品名	1.5	
	10.3	各类工具保持完好、清洁，保证使用性	1.5	
	10.4	各类工具使用后及时归位，有形迹化管理	1.5	
	10.5	柜顶无杂物，柜身保持清洁	1.5	
11. 消防设施	11.1	摆放位置明显，标识清楚	1.5	
	11.2	位置设置合理，有禁止阻塞线，线内无障碍物	1.5	
	11.3	状态完好，按要求摆放，外观干净、整齐	1.5	
	11.4	有责任人及定期点检记录	1.5	
	11.5	消防器材有明确的使用说明	1.5	
	11.6	紧急出口标识明确，逃生指示醒目	1.5	
12. 库房平面布置图	12.1	仓库、工具间内必须配置正确对应的平面布置图	1.5	
	12.2	布置图必须及时更新	1.5	
	12.3	布置图无破损、脱落	1.5	
	12.4	布置图内应有明确的区域用途说明	1.5	
13. 容器、货架	13.1	容器、货架等应保持干净，物品分类定位摆放整齐	1.5	
	13.2	存放标识清楚，张贴于容易识别的地方	1.5	
	13.3	容器、货架本身标识明确，无过期及残余标识	1.5	

续表

项目	序号	标准内容	分值	备注
13. 容器、货架	13.4	容器、货架无破损，无严重变形	1.5	
	13.5	放置区域合理划分，使用容器合理	1.5	
14. 危险品	14.1	有明确的摆放区域，分类定位，标识明确	1.5	
	14.2	隔离摆放，远离火源，并有专人管理	1.5	
	14.3	有明显的警示标识	1.5	
	14.4	非使用时应存放于指定区域内	1.5	
	14.5	危险容器搬运时应有安全措施和注意事项	1.5	
	14.6	有良好通风环境	1.5	
	14.7	有明确的应急处置措施规定和提示	1.5	
	14.8	有明确的危险品管理制度	1.5	
15. 楼梯	15.1	楼梯有明显的防止踏空和小心台阶提示	1.5	
	15.2	楼梯采用玻璃围栏的应有明显的防撞提示	1.5	
	15.3	楼梯台阶无损坏、脱落	1.5	
16. 其他辅助设施	16.1	风扇、照明灯、空调等按要求放置，清洁无杂物，无安全隐患	1.5	
	16.2	日用电器无人时应关掉，无浪费现象	1.5	
	16.3	门窗及玻璃等各种公共设施干净，无杂物	1.5	
	16.4	废弃设备及电器应标识状态，及时清理	1.5	
	16.5	保持设施完好、干净	1.5	
17. 加减分	17.1	同一问题多次出现，重复扣分	5	
	17.2	发现未实施整理整顿清扫的"未实施整理整顿的死角"，每1处扣1分	5	
	17.3	7S检查问题整改完成率要达到85%以上；完成率未达到95%，扣2分	2	
	17.4	有突出成绩的事项（如创意奖项），视情况加1分~5分	5	
总分				

7.6 办公区 7S 管理评分标准

办公区 7S 管理评分标准

项目		序号	标准内容	分值	备注
1. 场所	1.1. 地面	1.1.1	办公设施通道畅通明确	1.5	
		1.1.2	地上无垃圾、无杂物，保持清洁	1.5	
		1.1.3	暂放物有"暂放标识牌"	1.5	
		1.1.4	物品存放于定位区域内	1.5	
		1.1.5	地面无积水	1.5	
		1.1.6	地面的安全隐患处（凸出物、地坑等）应有防范或警示措施	1.5	
	1.2. 门、窗	1.2.1	门扇、窗户玻璃保持明亮、干净，无乱张贴的现象	1.5	
		1.2.2	窗帘保持干净	1.5	
		1.2.3	窗台上无杂物	1.5	
		1.2.4	门窗、窗帘无破损	1.5	
		1.2.5	有门牌标识，每层楼道还要有平面布局图	1.5	
		1.2.6	来宾（外人）来往区域要有相关提示和指引	1.5	
	1.3. 墙	1.3.1	保持干净，无脏污、乱画	1.5	
		1.3.2	没有不要物悬挂	1.5	
		1.3.3	电器开关处于安全状态，标识明确	1.5	
		1.3.4	墙身贴挂应保持整齐，表单、通知定位在公告栏内	1.5	
		1.3.5	墙体破损处及时修理	1.5	
		1.3.6	没有蜘蛛网、脚印及污垢等	1.5	

续表

项目		序号	标准内容	分值	备注
1. 场所	1.4. 天花板	1.4.1	破损处及时修复，没有剥落	1.5	
		1.4.2	没有吊着不要物	1.5	
2. 设备工具	2.1 办公桌、椅	2.1.1	办公桌定位摆放，隔断整齐	1.5	
		2.1.2	抽屉应分类标识，标识与物品相符	1.5	
		2.1.3	台面保持干净，无灰尘、杂物，无规定以外的物品	1.5	
		2.1.4	台面物品按定位摆放（除正在使用外），不拥挤凌乱	1.5	
		2.1.5	人员下班或离开工作岗位 10min 以上，台面物品、办公椅归位	1.5	
		2.1.6	办公抽屉不杂乱，公私物品分类定置	1.5	
		2.1.7	与正进行的工作无关的物品应及时归位	1.5	
		2.1.8	玻璃下压物尽量减少并放整齐，不压日历、电话表以外的资料	1.5	
	2.2 电器、电线、开关、电灯	2.2.1	开关、插头须有控制对象标识，无安全隐患	1.5	
		2.2.2	保持干净，无灰尘、油垢或者蜘蛛网	1.5	
		2.2.3	电线布局合理整齐，无安全隐患（如裸线、上挂物等）	1.5	
		2.2.4	电器检修时需有警示标识	1.5	
		2.2.5	线束尽量不落地，整齐扎起，落地要采取一定措施，防止踩压或者绊倒人	1.5	
	2.3 垃圾桶	2.3.1	定位摆放，标识明确	1.5	
		2.3.2	本身保持干净，垃圾不超出容器口	1.5	

续表

项目		序号	标准内容	分值	备注
2. 设备工具	2.4 盆栽（包括台上摆设的）	2.4.1	盆栽需定位（无须定位线）	1.5	
		2.4.2	盆栽周围干净、美观	1.5	
		2.4.3	盆栽状态良好，叶子保持干净，无枯死叶	1.5	
		2.4.4	盆栽容器本身干净	1.5	
3. 分区	3.1 洗手间	3.1.1	环境干净、整齐，无异味、积水等	1.5	
		3.1.2	清扫工具整齐悬挂，私人物品不得放置现场	1.5	
		3.1.3	门锁、冲水装置、水龙头功能完好，有异常要悬挂故障标识和日期，3 个工作日要修理完毕	1.5	
		3.1.4	洗手间的卫生卷纸、洗手液（肥皂）及时补充	1.5	
		3.1.5	清洁人员每两小时最少清扫一次（点检表跟进）	1.5	
	3.2 茶水间、饮水区	3.2.1	地面无积水	1.5	
		3.2.2	整洁、卫生	1.5	
		3.2.3	饮水器每月最少消毒一次，保存相关记录	1.5	
		3.2.4	水杯、水瓶要定位、标识	1.5	
	3.3 其他办公设施	3.3.1	空调、计算机、复印机、传真机、碎纸机等保持正常状态，有异常作出明显标识	1.5	
		3.3.2	保持干净	1.5	
		3.3.3	明确责任人	1.5	
		3.3.4	设施设备、管道上不得放杂物	1.5	

续表

项目		序号	标准内容	分值	备注
3. 分区	3.4 公告栏、看板	3.4.1	公司主要部门应有看板（如"人员去向板""管理看板"等）	1.5	
		3.4.2	做好版面设置，标题明确，有责任人	1.5	
		3.4.3	无过期张贴物	1.5	
		3.4.4	员工去向管理板及时填写、擦除	1.5	
		3.4.5	笔刷齐备，处于可使用状态	1.5	
		3.4.6	内容充实，及时更新	1.5	
4. 用具	4.1 文件资料管理	4.1.1	定位分类放置	1.5	
		4.1.2	按规定标识清楚，明确责任人	1.5	
		4.1.3	夹（盒）内文件定期清理、归档	1.5	
		4.1.4	文件夹（盒）保持干净	1.5	
		4.1.5	文件归入相应文件夹（盒）	1.5	
		4.1.6	电子文档命名符合公司要求，及时清理	1.5	
		4.1.7	设有 5min 屏幕保护程序，关键文件有加密管理	1.5	
		4.1.8	计算机 C 盘无存放文档，D 盘存档符合公司要求	1.5	
	4.2 文件柜（架）	4.2.1	文件柜分类标识清楚，明确责任人	1.5	
		4.2.2	文件柜保持干净，柜顶无积尘、杂物	1.5	
		4.2.3	文件柜里放置整齐	1.5	
		4.2.4	文件柜内物品、资料应分区定位，标识清楚	1.5	

续表

项目		序号	标准内容	分值	备注
4. 用具	4.3 生活用品、私人物品	4.3.1	定位标识，整齐摆放，公私物品分开	1.5	
		4.3.2	水壶、水杯按要求摆放整齐，保持干净	1.5	
		4.3.3	允许放置的私人用品按要求摆放整齐，保持干净	1.5	
	4.4 闲置物资（呆料）	4.4.1	有明确的摆放区域，并予以分隔	1.5	
		4.4.2	应有明显标识	1.5	
		4.4.3	做好防尘及清扫工作，保证整洁及完好状态	1.5	
	4.5 消防设施/器材	4.5.1	消防器材摆放位置明显，标识清楚	1.5	
		4.5.2	位置设置合理，有红色警示线，线内无障碍物	1.5	
		4.5.3	状态完好，按要求摆放，干净整齐	1.5	
		4.5.4	有责任人及定期点检	1.5	
		4.5.5	消防通道提示明显，通畅无阻，便于逃生	1.5	
5. 制度	5.1 7S 的宣传贯彻	5.1.1	配合公司 7S 活动，尊重检查指导人员，态度积极主动	1.5	
		5.1.2	要求部门成员对公司7S活动的宣传口号、意义、基本知识有正确认识，能够表述	1.5	
		5.1.3	部门班组长以上管理人员应建立"7S专用文件夹"，保存主要的 7S 活动资料文件	1.5	
		5.1.4	部门应有"7S 宣传栏（或园地）"，有专人负责，定期更换	1.5	
		5.1.5	部门经常对员工（含新员工）进行 7S 知识的宣传教育，并有记录	1.5	
		5.1.6	部门建立经常性的晨会制度，班组每天班前进行一次，保留晨会记录	1.5	

项目		序号	标准内容	分值	备注
5.制度	5.2 考核和制度化	5.2.1	工作区域的 7S 责任人划分清楚，无不明责任的区域	1.5	
		5.2.2	7S 区域清扫责任表和点检表要按时、准确填写，不超前、不落后，保证与实际情况相符	1.5	
		5.2.3	部门应制定本部门"7S 员工考核制度"，并切实执行，保存必要的记录	1.5	
	5.3 行为素养	5.3.1	工作时间不得睡觉、打瞌睡	1.5	
		5.3.2	办公用品明确定位，整齐摆放，分类标识	1.5	
		5.3.3	按规定要求穿戴工作服，着装整齐、整洁	1.5	
		5.3.4	无串岗、离岗、聚集闲谈、吃零食和大声喧哗	1.5	
		5.3.5	不看与工作无关的书籍、报纸、杂志	1.5	
		5.3.6	吸烟在指定区域，不乱丢烟头	1.5	
		5.3.7	按《员工手册》教育员工，要求员工待人有礼有节，不说脏话，做文明礼貌人	1.5	
6.加减分		6.1	同一问题多次出现，重复扣分	5	
		6.2	发现未实施整理整顿清扫的"实施整理整顿的死角处"，每 1 处扣 1 分	5	
		6.3	7S 检查问题整改完成率要达到 85% 以上；完成率未达到 95%，扣 2 分	2	
		6.4	样品间单独设置，通风良好，加 1 分	1	
		6.5	有创意的好方法（内容包括节能降耗、品质、成本、效率方面的改善），视情况加 1 分 ~ 5 分	5	
总分					

7.7 员工宿舍 7S 管理评分标准

员工宿舍 7S 管理评分标准

项目	序号	标准内容	分值	备注
1. 室内地面	1.1	地面无垃圾、杂物	3	
	1.2	地面无明显脏污	2	
	1.3	清洁用具定位放置	1	
	1.4	垃圾不超出容器口	2	
2. 宿舍公共设施	2.1	桌、椅和床手摸无灰尘	2	
	2.2	桌面物品摆放整齐	2	
	2.3	人员离开桌面物品、椅子归位	1	
	2.4	宿舍空床上物品摆放整齐	3	
	2.5	电灯、空调等无明显灰迹	2	
	2.6	电灯、水龙头、空调人走及时关掉	2	
3. 门、窗	3.1	随手锁门	2	
	3.2	窗户玻璃、门用手摸无灰尘	2	
	3.3	窗台无杂物	1	
	3.4	门、窗无脏污、乱画现象	2	
4. 墙、天花板	4.1	无蜘蛛网、脏污现象	2	
	4.2	墙体不乱贴、乱刻、乱画	2	
5. 床	5.1	被褥叠放整齐，床单目视无污渍	3	
	5.2	床上其他物品摆放整齐	2	
	5.3	床下鞋子摆放整齐	3	
6. 卫生间	6.1	洗漱用品摆放整齐	2	
	6.2	洗手池白净，无污渍	2	

项目	序号	标准内容	分值	备注
6. 卫生间	6.3	卫生间地面洁净，无明显污渍	2	
	6.4	便池白净，无污渍	2	
	6.5	卫生间盆、桶摆放整齐	2	
7. 其他行为规范	7.1	宿舍内不得有违禁物品	3	
	7.2	衣袜及时清洗，房间无异味	3	
	7.3	有值日安排	1	
	7.4	不在宿舍内私拉乱接电线	3	
	7.5	充电设备充电时无覆盖衣物或周围无其他易燃物品	2	
	7.6	不在宿舍内吸烟，发现 1 个烟头扣 1 分	5	
8. 加分		对宿舍环境美化有创意，每项加 2 分	5	
总分				

7.8 食堂 7S 管理评分标准

食堂 7S 管理评分标准

项目	序号	标准内容	分值	备注
1. 地面	1.1	通道畅通	1	
	1.2	地上无垃圾、杂物等	1	
	1.3	物品存放在定位区域内	1	
2. 门、窗	2.1	窗台无杂物	1	
	2.2	手摸无灰尘、油渍	1	
	2.3	无脏污、乱画现象	1	
3. 墙	3.1	墙体损坏处及时上报	1	
	3.2	无蜘蛛网、灰尘	1	
4. 柜、桌、椅	4.1	手摸无灰尘及油渍	1	
	4.2	物品定位摆放（除正在使用外）	1	
	4.3	人员离开桌面物品和椅归位	1	
	4.4	抽屉有分类标识，标识与物品相符	1	
5. 绞肉机	5.1	正常使用时表明使用状态	1	
	5.2	机芯无剩余肉碎	1	
	5.3	未使用时电源切断	1	
	5.4	使用状态下盖好盖子	1	
6. 冰柜	6.1	物品存放不杂乱无章	1	
	6.2	熟食与生食物区分存放	1	
	6.3	未使用时电源切断	1	
7. 其他设备	7.1	异常有标识	1	

续表

项目	序号	标准内容	分值	备注
7. 其他设备	7.2	标明责任人	1	
	7.3	窗户玻璃用手摸无灰尘及油渍	1	
	7.4	空调、计算机等用手摸无灰尘及油渍	1	
8. 公告栏	8.1	无过期张贴物	1	
	8.2	公告栏中内容及时填写	1	
9. 食物、配料	9.1	食物、配料目视无杂物等	1	
	9.2	熟食和生食分类区分，定位摆放	1	
	9.3	刀具区分使用用途，荤菜和蔬菜使用不同刀具	1	
10. 炊事用具	10.1	切菜板区分使用用途，荤菜和蔬菜使用不同切菜板	1	
	10.2	未使用时，定位存放，有标识	1	
	10.3	餐具手摸无灰尘及油渍	1	
11. 餐具	11.1	餐具分类定位摆放	1	
	11.2	餐具经过一洗、二冲、三消毒	1	·
12. 环境	12.1	餐厅及食堂无苍蝇、蚊虫、蟑螂等，发现1只扣1分	2	
	12.2	餐厅及食堂无异味	1	
13. 服装、着装	13.1	不穿时存放（定挂）在规定区域	1	
	13.2	有规定着装的部门按规定着装，无规定着装部门着装整齐	1	
	13.3	按规定佩戴工牌	1	

续表

项目	序号	标准内容	分值	备注
14. 相应规章	14.1	严格执行洗菜流程	1	
	14.2	严格执行餐具清洁流程	1	
	14.3	严格执行蒸饭流程	1	
	14.4	配合公司"7S"活动	1	
	14.5	厉行节约，无长流水、长明灯	1	
15. 清洁用具用品	15.1	清洁用具用品定位摆放，标识明确	1	
	15.2	本身干净，容器内垃圾及时倾倒	1	
16. 加减分	16.1	同一问题多次出现，重复扣分	5	
	16.2	发现未实施整理整顿清扫的"7S 未实施整理整顿的死角"，每 1 处扣 1 分	5	
	16.3	有突出成绩的事项（如创意奖项），视情况加 1 分~5 分	5	
总分				

7.9 现场问题改善备忘录

共　　页，第　　页

区域：　　　　　　　　　　　　　　　　　　　日期：　　年　月　日

序号	问题点及建议改善内容	责任人	要求完成日期	后续跟进		
				已安排	实施中	已完成

记录人：_____　　　　组长确认：_____　　　　区域责任人：_____

此表用于7S推行人员查看现场时，发现问题，以整改通知单的形式下发给各区域责任人，要求责任人与督导师签字，限期整改。此表一式两份，7S检查人员与区域负责人各自留底存档。

7.10 部门月度 7S 计划提交表

_____部门 7S 管理____年____月推行计划表

序号	区域	计划完成内容	计划完成效果	完成日期	责任部门	责任人	备注

会签：_____ 督导师：_____ 制表日期：_____

　　此表为各部门责任人或是督导师根据实际情况，制定责任区域阶段性 7S 推行计划所用表格，此纸质版要求责任部门负责人手写签字，上交公司 7S 推进办。

7.11 7S申诉表

编号:

日期		申诉组别	
申诉内容:			
7S评分委员确认:			申诉人:
7S评分委员处理意见:			
			主任委员:

参考文献

［1］聂云楚. 如何推进 5S [M]. 深圳：海天出版社，2002.

［2］中华人民共和国国家能源局. DL/T 1123—2019　火力发电企业生产安全设施配置 [S]. 北京：中国电力出版社，2009.